WUYEGUANLIZHUANYE

全国高等职业技术院校 **物业管理专业** 教材

物业经营

李春云　黄焕斌　主编

人力资源和社会保障部教材办公室组织编写

中国劳动社会保障出版社

图书在版编目(CIP)数据

物业经营/李春云，黄焕斌主编. —北京：中国劳动社会保障出版社，2014
全国高等职业技术院校物业管理专业教材
ISBN 978-7-5167-0991-7

Ⅰ.①物… Ⅱ.①李…②黄… Ⅲ.①物业管理-高等职业教育-教材 Ⅳ.①F293.33

中国版本图书馆 CIP 数据核字(2014)第 066734 号

中国劳动社会保障出版社出版发行

（北京市惠新东街 1 号 邮政编码：100029）

出 版 人：张梦欣

*

北京谊兴印刷有限公司印刷装订 新华书店经销

787 毫米×1092 毫米 16 开本 11.25 印张 239 千字

2014 年 4 月第 1 版 2019 年 8 月第 3 次印刷

定价：22.00 元

读者服务部电话：(010) 64929211/84209101/64921644

营销中心电话：(010) 64962347

出版社网址：http://www.class.com.cn

http://zyjy.class.com.cn

前 言

近年来，随着国民经济的发展和城市建设的加快，我国物业管理行业进入了一个新的发展阶段，物业企业的运营模式、服务流程、管理质量等不断向标准化、专业化、信息化的方向发展。为了适应物业管理行业的发展，满足学校培养企业所需技能型人才的需要，我们组织一批教学经验丰富、实践能力强的教师与行业、企业的专家，在认真分析物业企业岗位需求和完善课程教学方案的基础上，开发了全国高等职业技术院校物业管理专业教材。

本次开发的教材包括《物业管理基础》《物业公共关系与礼仪》《物业管理法规应用》《物业管理实务》《物业环境管理》《房屋维修与管理》《楼宇智能化系统使用与维护》《物业信息系统操作技术》《物业设施设备维护与管理》《物业招投标管理》《物业经营》和《物业服务方案设计与制作》。

在教材开发工作中，我们坚持了以下原则：

第一，从职业岗位分析入手，合理构建教材的知识和技能结构，注重对学生实践能力和工作能力的培养，突出教材的职业特色。

第二，根据物业管理行业的发展现状，尽可能多地在教材中体现新的管理理念、服务模式和技术设备，充分体现教材的先进性，突出教材的时代特色。

第三，教材内容力求涵盖助理物业管理师国家职业标准的相关要求，突出职业资格证书与学历证书并重的精神。

第四，在教材编写方面，力求文字表达通俗易懂，并尽量采用以图代文、以表代文的表现形式，激发学生的学习兴趣，突出教材的易读性。

本套教材的编写得到了有关省市人力资源和社会保障部门、教育部门以及一批高等职业技术院校的大力支持，教材的编审人员做了大量的工作，在此表示衷心的感谢！同时，恳切希望广大读者对教材提出宝贵的意见和建议，以便修订时加以完善。

人力资源和社会保障部教材办公室

简　介

本教材根据高等职业教育人才培养的目标和要求，对物业经营管理理论知识和实践方法进行了全面介绍。全书按照物业管理有偿经营服务的项目体系分为八章，主要内容包括物业经营管理基础、特约性经营、配套性经营、资源性经营、多元化经营、跨行业经营、集约化经营和物业资产管理等。

本教材由李春云、黄焕斌任主编，牛红霞、单甫均参加编写，李春云统稿，谭明辉审稿。绪论和第一、三、五、六章由广州城市职业学院李春云编写，第二、八章由北京泰禾中维物业管理有限公司黄焕斌编写，第四章由北京泰禾中维物业管理有限公司牛红霞编写，第七章由北京泰禾酒店物业管理有限公司单甫均编写。

本教材可作为高等职业技术院校物业管理等相关专业教材，也可作为相关企业人员的培训、参考用书。

目 录

绪　论

一、物业经营的概念和意义

物业经营是物业管理企业在提供专业服务的同时采用的各种有偿性经营性活动的总称。物业经营可概括为两个方面：一是在做好物业管理工作的同时，为开发商、业主、客户策划并实施物业经营方案，发挥物业的增效潜力；二是将物业管理从一般维护、运行阶段提升到对管辖物业全过程的营销、服务和管理层面，即将服务眼光由物业管理委托期内这个局部放大到物业长寿命商品的整体去统一考虑、安排，从而为业主、客户提供更全面、更彻底的服务。

物业经营的核心思想是将营销的概念深刻地融合于物业管理的工作中，通过对所管辖物业的经营与管理的合力运行，更好地体现物业管理，实现物业保值、增值的重要功能。

物业经营运作的主要内容体现在房地产服务领域中流通和管理各个环节，包括租赁代理、物业估价、交易咨询和项目策划等。物业公司的经营在提高企业经济效益的同时，促进物业的市场流通，挖掘蕴含于物业中的效益，并增强业主、客户对物业真正价值的理解。

物业管理企业长期以来提倡的是管理与服务，而对经营的问题涉及较少。虽然，管理和服务是物业管理企业的本业和对社会提供的基本产品，也是物业管理公司存在的市场基础，但提供优质的管理和服务应是物业管理企业经营和竞争的一种手段。作为企业，经营应是其基本的行为，只有依法进行经营，并获取合法的利润才能从根本上解决物业管理企业的生存和发展问题，才能达到社会效益、环境效益与经济效益并重的良性发展的目标。

物业管理企业忽视经营，会造成赢利能力低下，企业自有资金不足又形成物业管理企业扩大规模、持续稳定发展的瓶颈，并反过来影响服务质量，影响投资者和高水平人才的介入，从而限制整个行业的发展。随着物业管理市场化进程的加快，以及新的房地产形势的发展，经营越来越被提到物业管理企业发展的日程上来，物业管理企业要得以快速发展，经营将是一条必由之路。

二、物业经营的特点

物业经营是房地产服务的重要组成部分，是收益性物业管理概念的拓展和延伸，是物业营销与物业管理的有机合成，有着广阔的市场发展空间。物业经营具有以下一些特点：

1. 收益性

投资者或租户付出货币获得物业长久或一定期限的使用价值，从而获得经营场所或出租场地，通过经营实现其最大效益。

2. 复杂性

表现为设备配套复杂、业主或使用人构成复杂、对外关系复杂、环境复杂等。

3. 综合性

既有物业管理的维修维护、安全消防、清扫保洁等基本服务内容，更有物业租售代理、营造商业氛围、商业推广、商业策划等一系列商务运作，而且还需解决配套问题和商务服务、娱乐服务等。

4. 创造性

物业经营场所本身就是创造价值的场所，经营方式和营销理念也要随时创新，紧跟市场发展方向。

5. 品牌性

物业经营要获取最大商业价值，关键在于社会消费群体对本物业场所的知晓程度、美誉度和钟爱程度，而这一切的取得需要依赖物业经营获取收益的各方面达成共识，形成共同的价值观和服务理念，从而营造一种亲情氛围和信任品牌。

另外，物业经营的高档豪华趋势、多功能性、人文休闲文化特色也日趋明显。物业经营面临的难点是市场培育难、经济繁荣难、安全防范难、设备运行保障难、商业推广难、处理业主和消费者的利益关系难。

三、物业经营的方式

不同物业服务企业可以根据自身企业和服务的物业特点来选择不同的经营项目和经营方式，找到真正适合企业的经营方式来实现企业的持续经营之道。开展物业经营的要素是：尽量利用封闭管理、配套设施、为业主客户服务等管理性优势；利用租赁场地优势尽量控制商业竞争对手数量、充分了解业主客户需求有的放矢的寻找经营项目、充分利用企业和物业项目存在的资源性优势、充分链接社会其他商业服务机构等。一般物业服务企业应以自己管理服务的多个物业项目为经营整体（合适时可包括其他企业服务的物业项目），采取特约性经营、配套性经营、资源性经营、多元化经营、跨行业经营、集约化经营等多种经营方式。

我国的物业管理服务行业已经经历了三个阶段：首先是行业建立初期的仅仅对物业进行简单养护的“管理物业”阶段；其次是物业企业全面对物业进行专业管理的“物业管理”阶段；最后是发展到现在的对物业实施专业管理的同时为业主客户提供各种综合服务的“物业服务”阶段。长期以来我国物业服务企业坚持“管理服务为本，规模扩张出效益”的发展思路，着重通过扩大管理规模来产生新利润。但规模效益仅仅是量变，只有服务经营才能实现企业的质变。业主客户需求的多元化促进了物业服务企业由管理型、服务型向经营型的过渡，“物业经营”将是物业服务行业发展的第四阶段，物业经营必然成为企业实现由量变到质变的必由之路。

第一章　物业经营管理基础

物业管理企业开展有偿服务经营的业务和项目繁多，涉及业主、住户、客户的生活、工作、学习等方面，同时也涉及物业管理企业的多个管理服务项目和多部门的工作人员。所以，物业管理企业若要做好有偿服务经营，就需要科学合理地设置有偿服务经营机构，构建良好的经营平台，配备专业的经营人员，进行专门的业务组织、控制及管理，同时需要建立有效的管理制度体系，包括业务运作、监控、激励等管理机制，从而促进物业管理企业有偿服务经营的有序开展和管理。

第1节　物业经营机构的设置

一、物业经营机构的职能

物业经营机构特指物业管理公司在提供日常物业管理服务之外经营有偿服务业务的专门管理机构。这个机构专门管理各类有偿服务经营业务和项目，既不同于人力部、行政部、财务部等公司行政部门，也不同于设备工程部、保安消防部、保洁绿化部等业务部门，其实质是物业管理公司的创收部门，在现代物业管理企业中有着非常重要的地位。物业经营机构的职能表现如下。

1. 为物业管理公司创收

目前相当部分物业管理企业依靠收取物业管理费来维持公司的运作，随着人力成本的快速增加，而提高物业管理费又很难实现，企业微利或亏损的现象非常普遍。物业公司想要有好的经营收益，就要充分利用在管物业项目的资源，开展各类有偿服务经营业务及项目，从而提高企业经济效益。

2. 为业主客户提供各种便民服务

物业管理的基本功能就是“安全、舒适、方便、快捷”，物业管理公司经营机构提供各种有偿家政服务、商务服务、商业服务、文化娱乐服务等商业活动，就是要满足业主及住户“舒适、方便、快捷”的需求。

3. 增加物业管理从业人员的报酬

物业管理从业人员流动性、流失率高的一个很重要原因就是本行业的工资报酬偏低，而提高员工报酬的一个重要途径就是让他们兼职开展各种有偿服务经营业务以获取业务提成。物业管理各岗位从业人员的特点都非常适合开展相应的增值服务业务，物业管理公司经营机构根据岗位特点和业主需求开展相应的有偿服务经营业务和项目，同时让物业管理人员兼职运营这些业务，一方面可以大大降低有偿服务经营的运营成本，另一方面也可以大大提高物业管理从业人员的收入报酬。

4. 为物业项目开展经营活动提供指导和支持

物业管理公司开展有偿服务经营活动的终端基本就是各个在管的物业项目，经营机构一方面指导物业项目开展合适的有偿服务经营业务及项目，另一方面要提供政策、制度、人员、技术等多方面的支持。

物业经营机构的一般工作职能包括：制定有关有偿服务经营的管理制度体系，审核批准有关有偿服务经营业务及项目的开展，策划、组织、实施各类大型经营项目，各类有偿服务经营业务及项目运作的监管、协调、控制、管理，成本控制、收入管理、收益分配，工作人员安排、培训、考核，以及其他有关有偿服务经营业务事宜的处置。

二、物业经营机构的成立

因为物业管理公司可能管理多个类型的物业项目，各个项目可开展的有偿服务经营业务不同，各个业务部门都有可能开展相应的增值服务，所以物业管理公司应该成立专门的经营机构来统一管理公司所有物业项目的有偿服务经营业务。这个经营机构可以独立于公司其他业务部门也可以下设在公司某个业务部门，一般可叫做物业经营部或物业资产管理部。公司层面设立物业经营部，一般下设业务开发部、市场监管部、业务运营部、资金管理部、业务处理部等职能部门；物业项目层面设立项目经营部，一般下设业务拓展中心、业务接待中心、业务运作中心、业务结算中心、业务服务中心。规模较小的公司可适当合并职能部门，规模较小的物业项目也可以适当合并业务部门。一般物业经营机构的组织结构如图 1—1 所示。

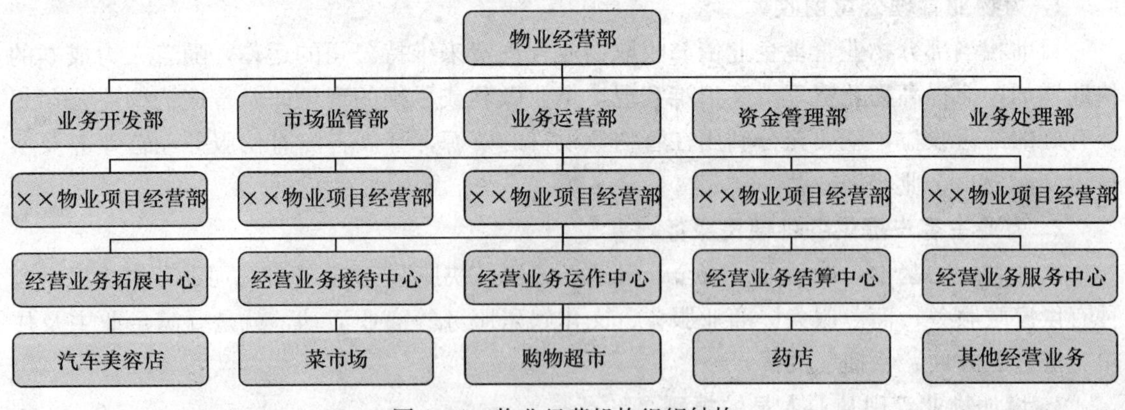

图 1—1　物业经营机构组织结构

三、物业经营机构各业务部门职责

物业管理公司所有有偿服务的经营活动全部由专门的机构来管理，有助于企业全面系统地开展经营活动，在高效满足业主需求的同时获取可观的经济效益。经营机构各部门按照各自的职责进行经营活动的调研、策划、组织、实施和管理，可以高效、专业地进行各物业项目经营业务的运作，有利于物业企业经营平台的建立，同时也可以有效监管各业务的正常运营，从而为物业公司带来巨大的经济效益。具体各部门的职责如下。

1. 物业经营部

物业经营部是与物业公司其他部门同列的部门，全面负责公司及各物业项目全面的有偿服务经营工作。其主要职责如下：

（1）全面负责公司所有有偿服务经营事宜。

（2）负责与公司决策层进行物业经营活动的沟通与决策。

（3）负责与公司其他业务部门进行业务协调和合作事宜。

（4）负责与服务产品供应商进行物业经营合作的谈判、合同管理和业务处理等工作。

（5）负责制定有关物业经营的管理制度和运行机制规范。

（6）负责专项经营项目的策划、决策、组织、推广、实施、监管等工作。

（7）负责各类经营业务的组织、决策、指导、监管等工作。

（8）负责所有经营项目及业务的人员招聘、配置、培训、监管、绩效管理等工作。

（9）负责制定各类经营业务的运作流程、作业标准和操作规范。

（10）负责其他有关物业经营的相关事宜。

2. 业务开发部

业务开发部是物业公司内负责全面开拓有偿服务经营项目和业务的部门，一方面根据企业自身资源组织实施各类经营项目及业务（如餐馆、药店、水店、家政服务、代办服务等）；另一方面根据物业项目特点与企业外部产品供应商合作开展各类经营项目及业务（如幼儿园、社区诊所、超市、装修业务、搬家业务等）。其主要职责如下：

（1）负责公司及各物业项目各种专项经营项目的调研、决策、策划、组织、实施等全面建设工作。

（2）负责公司及各物业项目各种经营业务的调研、决策、组织、协调、实施等全面建设工作。

（3）负责与公司外部产品供应商合作开展有偿服务经营项目和业务的相关事宜。

（4）负责代理公司外部供应商经营业务的相关事宜。

（5）负责构建、管理公司和物业项目的现实物业经营平台，包括公司经营平台和物业项目经营平台。

（6）负责构建、管理公司和物业项目的虚拟物业经营平台，包括公司经营的网站平台和社区电子商务平台。

第一章

(7) 负责所有有偿服务经营项目和业务的组织实施、试运营、业务改进等相关工作。

(8) 负责所有经营项目和业务的工作人员安排、培训工作。

(9) 负责经营项目和业务开展阶段与其他部门的协调工作。

3. 市场监管部

市场监管部主要是监管公司和物业项目所有物业经营业务按照规定运行机制进行运营，所有工作人员按照作业标准和业务规范进行操作。其主要职责如下：

(1) 负责制定有关物业经营的管理制度体系和业务运作体系。

(2) 负责制定各种物业经营项目和业务的工作流程和作业标准。

(3) 负责监管业务开发部的成本支出和经营项目业务开拓工作。

(4) 负责监管公司业务运营部和项目业务经营部的业务开展工作。

(5) 负责监管及考核所有经营项目和业务工作人员的工作绩效。

(6) 负责培训、监管、考核所有物业经营的业务流程和作业标准。

(7) 负责所有物业经营项目和业务的绩效考核方案和薪酬分配方案的制定和执行。

(8) 负责其他有关物业经营活动和行为的监管工作。

4. 业务运营部

业务运营部主要负责组织实施公司和物业项目的所有有偿服务经营项目和业务，是物业经营的主要运作部门。其主要职责如下：

(1) 负责公司和物业项目所有有偿服务经营项目及业务的运营组织管理工作。

(2) 负责各经营项目和业务运营的指导和培训工作。

(3) 负责各项目经营部及经营项目的资金支出和成本核算。

(4) 负责各项目经营部及经营项目的收入监管和资金入账监管工作。

(5) 负责各业务部门和工作人员的业绩核算和提成核算工作。

(6) 负责各经营项目和业务的市场推广和促销活动。

(7) 负责指导各经营项目和业务的日常运营工作。

(8) 负责各经营项目和业务工作人员的安排和业务培训工作。

(9) 负责其他有关项目和业务运营的相关事宜。

5. 资金管理部

资金管理部是负责管理物业经营部成本支出、经营收入、财务审计、资金分配等有关经营财务的部门。其主要职责如下：

(1) 负责对接公司财务部有关财务管理的工作。

(2) 负责物业经营部所有财务管理方面的工作。

(3) 负责各部门、经营项目及业务的财务报表编制工作。

(4) 负责各部门、经营项目及业务的资金支出管理工作。

(5) 负责各部门、经营项目及业务的资金收入管理工作。

(6) 负责各业务部门和工作人员的业绩记录统计和提成审核工作。

(7) 负责对各物业项目经营部的全面指导和管理工作。

（8）负责物业经营部其他有关财务管理方面的工作。

6. 业务处理部

业务处理部是负责物业经营部投诉接待、后勤服务、网站维护、外部接待等相关业务处理的部门。其主要职责如下：

（1）负责公司所有物业经营业务的全面售后服务工作。

（2）负责公司经营项目和业务的售后回访工作。

（3）负责公司经营项目和业务的投诉接待处理工作。

（4）负责公司所经营网站的维护和网络投诉处理。

（5）负责公司经营项目和业务的客户满意度调查工作。

（6）负责公司经营项目和业务的后勤服务工作。

（7）负责公司经营项目和业务的对外接待工作。

（8）负责指导物业项目经营部业务服务中心的工作。

（9）负责物业经营项目和业务其他有关售后服务的事宜。

7. 项目经营部

项目经营部是各个物业项目负责全面物业经营项目和业务的部门，是物业经营的基层管理部门。其主要职责如下：

（1）负责本物业项目有偿服务经营活动的全面管理工作。

（2）负责与物业经营部各业务部门的对接工作。

（3）负责开拓本物业项目的有偿服务经营项目和业务。

（4）负责本物业项目有偿服务经营项目和业务的市场推广、业务承接工作。

（5）负责本物业项目各经营项目和业务的运营管理工作。

（6）负责本物业项目各经营项目和业务的业绩统计和财务结算工作。

（7）负责本物业项目各经营项目和业务的售后服务和投诉处理工作。

（8）负责本物业项目各经营项目和业务工作人员的安排、培训、考核等工作。

（9）负责本物业项日其他有关物业经营方面的事宜。

8. 业务拓展中心

业务拓展中心是物业项目内拓展物业经营项目和业务的操作部门，在业务开发部的指导下开展工作。其主要职责如下：

（1）负责本物业项目各种专项经营项目的调研、决策、策划、组织、实施等全面建设工作。

（2）负责本物业项目各种经营业务的调研、决策、组织、协调、实施等全面建设工作。

（3）负责与公司外部产品供应商协调处理合作开展有偿服务经营项目和业务的相关事宜。

（4）负责代理公司外部供应商经营业务的相关事宜。

（5）负责构建、管理本物业项目的现实物业经营平台。

（6）负责构建、管理本物业项目的社区电子商务平台。

（7）负责所有有偿服务经营项目和业务的组织实施、市场推广、试运营、业务改进等相关工作。

（8）负责所有经营项目和业务的工作人员安排、业务培训工作。

（9）负责与公司物业经营部的业务开发部的对接工作。

（10）负责经营项目和业务开展阶段与其他部门的协调工作。

9. 业务接待中心

业务接待中心是各物业项目进行有偿服务经营现场、电话、网络业务接待的部门，是物业经营活动开展的信息沟通和业务接触部门。其主要职责如下：

（1）负责本物业项目所有物业经营项目和业务的全面接待工作。

（2）负责经营业务的客户现场接待工作。

（3）负责经营业务的客户电话接待工作。

（4）负责经营业务的客户网络接待工作。

（5）负责社区电子商务平台的运营维护和业务处理。

（6）负责各经营项目和业务的客户咨询工作。

（7）负责各经营项目和业务的市场推广和促销宣传。

（8）负责将接待业务派送给相关经营业务部门。

（9）负责有关经营业务的其他接待性事宜。

10. 业务运作中心

业务运作中心是各物业项目各经营项目和业务的具体管理部门，负责管理各经营业务的具体运营事宜。其主要职责如下：

（1）负责物业项目内各有偿服务经营项目和业务的运作管理和业务指导工作。

（2）制定各经营项目和业务的管理制度、运营规范和作业标准。

（3）配置和培训各经营业务工作人员。

（4）对各具体经营项目和业务进行监管考核、绩效管理。

（5）确定经营项目部门和个人业绩，确定部门和个人经营奖励、提成数据。

（6）指导和监管各经营项目的具体经营活动，规范经营行为。

（7）负责协助对接经营项目的成本支出、收入管理、薪酬分配等财务管理工作。

（8）负责本物业项目内有关经营运作的事宜。

11. 业务结算中心

业务结算中心是对本物业项目内有关物业经营活动的经营收支及员工薪资结算的部门，是负责对接物业经营部资金管理部的基层物业经营财务管理部门。其主要职责如下：

（1）负责本物业项目内所有有偿服务经营项目和业务的财务结算工作。

（2）负责对接物业经营部资金管理部有关财务管理方面的工作。

（3）负责物业经营项目及业务的成本结算工作。

（4）负责物业经营项目及业务的收入结算工作。

（5）负责物业经营项目及业务的员工薪资结算工作。

（6）负责物业经营项目及业务对外结算工作。

（7）负责其他有关物业经营的财务结算事宜。

12. 业务服务中心

业务服务中心是物业项目内所有有偿服务经营项目和业务的对外接待、售后服务和投诉处理部门，负责业务回访、投诉接待处理、客户满意度调查等工作。其主要职责如下：

（1）负责本物业项目内所有物业经营业务的全面售后服务工作。

（2）负责本物业项目内各种有偿服务经营项目和业务的售后回访工作。

（3）负责本物业项目内各种有偿服务经营项目和业务的投诉接待工作。

（4）负责本物业项目内各种有偿服务经营项目和业务的投诉处理安排工作。

（5）负责本物业项目内各种有偿服务经营项目和业务的客户满意度调查工作。

（6）负责本物业项目内各种有偿服务经营项目和业务的后勤服务工作。

（7）负责本物业项目内各种有偿服务经营项目和业务的对外接待工作。

（8）负责本物业经营项目和业务其他有关售后服务的事宜。

第 2 节　物业经营平台的构建

物业公司开展的物业经营活动有项目和业务种类繁多、经营业务跨度大、涉及物业项目多、客户规模大、部门和人员兼职性多等特点，这些特点决定了物业公司应该构建一个完整的物业经营平台来开展各种有偿服务经营项目和业务。这个平台实际上包括现实物业经营平台和虚拟物业经营平台，也包括物业公司层面经营平台和物业项目层面经营平台。不同的物业公司和物业项目可以根据自身特点和资源状况来构建适合自己的物业经营平台。

物业公司要全面开展有偿服务经营项目和业务，就需要配置专业的管理人员和大量的业务操作人员。专业管理人员中要有经营项目调研策划、组织实施、运营管理、市场营销、专业技术等方面的人才；业务操作人员也应该掌握对应业务必要的业务技能。由于物业公司同时同地开展基本物业服务和有偿物业经营的特点，相对部分的物业经营岗位可以由物业服务人员兼职完成。

管理制度是物业经营机构行使职权、完成工作的基本保证，是机构成员的行动准则，所以任何物业经营部门都必须有一套行之有效的管理制度，才能保障企业经营的目标和绩效得以实现。经营管理制度的制定需要根据管理机制的层次来建设，这样才能为物业经营活动提供良好的制度规范，使物业经营各项业务保持高效快捷的运作。

一、物业公司层面的物业经营平台

物业公司要充分利用自身资源、开发商资源、业主资源、物业项目资源、社会资源，构建全方位的现实经营平台和虚拟经营平台，为全面开展有偿服务经营业务奠定良好的平台基础，一般平台构建如图 1—2 所示。

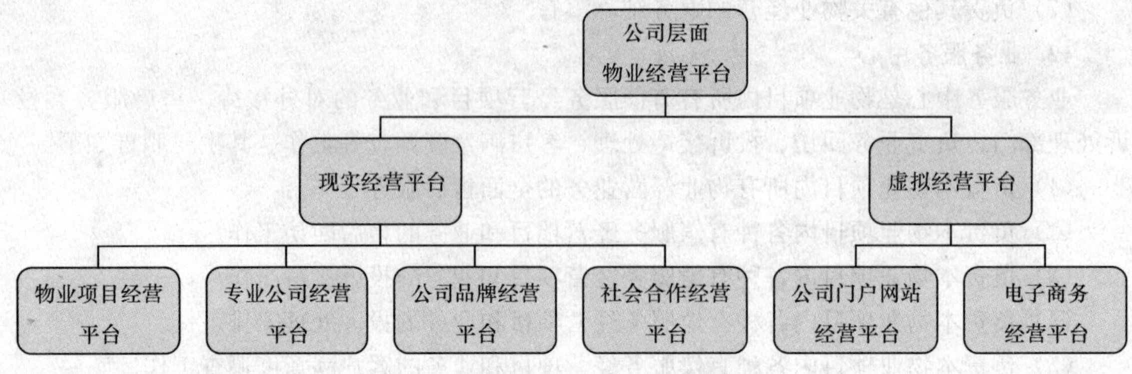

图 1—2 物业公司层面的物业经营平台

1. 物业项目经营平台

物业项目经营平台就是以物业公司所管物业项目为中心建立的有偿服务经营平台，主要是对所管项目业主提供各种有偿服务经营活动，充分利用物业资源、业主资源、项目资源，在项目内开展各种特约性服务、商业网点经营等经营性活动，在满足业主方便、快捷、舒适的需求的同时，为公司获取巨大的经济效益。

2. 专业公司经营平台

专业公司经营平台就是物业公司充分利用自身的技术条件、资金条件、人才条件，成立各种专业公司（如装修公司、房地产中介公司、设备维修公司、连锁超市、园林绿化公司、保安公司等），在为所管项目的业主客户提供服务的同时，为社会提供更多的经营活动，从而获取更广泛的经营效益。

3. 公司品牌经营平台

公司品牌经营平台就是物业公司充分利用公司品牌效应，在行业内开展物业管理顾问咨询服务、品牌加盟、资产重组、特许经营、集团化经营等品牌效应经营活动，充分利用企业的无形价值。

4. 社会合作经营平台

社会合作经营平台就是物业公司由于自身资源无法独立开展而与社会上的专业机构合作的经营项目，如幼儿园、药店、商场、酒店、社区医院等专业性强的项目合作经营，通过开展优势互补的经营活动，从而获取可观的经营效益。

5. 公司门户网站经营平台

公司门户网站经营平台就是充分利用公司的门户网站，建立有偿服务经营模块，全面宣传推广公司所开展的各种经营项目和业务，开发公司所管项目的巨大客户资源，尽可能满足业主客户的各种需求，最大程度开展各种经营活动。

6. 电子商务经营平台

电子商务经营平台就是物业公司通过建立电子商务平台，不仅能够为物业服务企业提供用于企业内部加强沟通和管理的信息化平台，而且还将能够通过呼叫中心、客户关系管理和数字化社区系统为物业服务公司提供全方位的社区电子商务平台，帮助物业服务公司充分利用和挖掘客户资源，提高经营效益。

二、物业项目层面的物业经营平台

物业项目层面的物业经营平台就是物业公司项目管理部以所管物业项目为中心，构建的提供各种有偿服务经营平台。物业项目部要根据自身资源，开发商资源、物业资源、客户资源、周边社会资源，开展有效的经营项目和业务群，从而构建满足业主各种需求的物业项目经营平台。一般平台构建如图 1—3 所示。

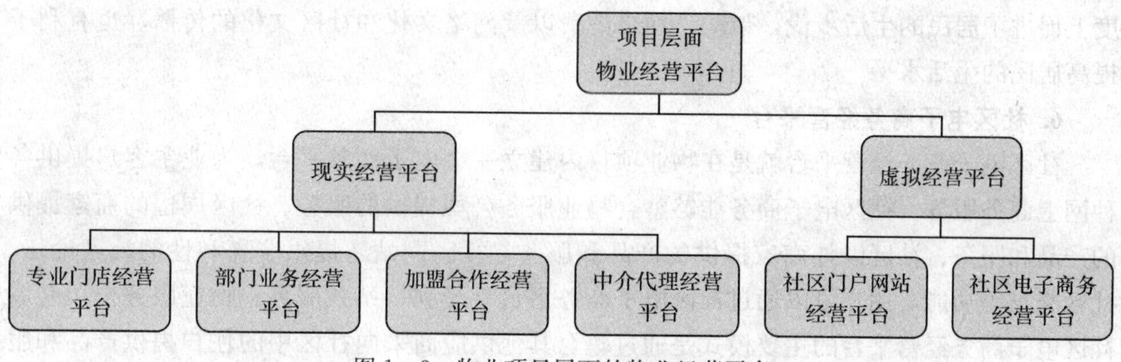

图 1—3　物业项目层面的物业经营平台

1. 专业门店经营平台

专业门店经营平台就是物业项目部根据物业项目的特点和业主客户的需求，开设的各类专业商业门店群。一般包括汽车美容店、餐厅、美发店、水果店、杂货店、菜市场、五金店、花店、水店、玩具店等满足业主“衣食住行”各方面需求的商店。

2. 部门业务经营平台

部门业务经营平台是指物业项目部根据自身资源条件，各个业务部门提供的有偿服务经营业务群。例如设备工程部为家庭提供安装维修业务、保洁部提供家政保洁业务、保安部提供车辆保管业务、绿化部提供家庭绿化业务、客服部提供送水送气送早餐业务、经营部提供商业广告业务等。

3. 加盟合作经营平台

加盟合作经营平台是指物业项目部由于自身条件有限无法独立开展业务，但业主需求量又很大，加盟企业外部商家或者与其合作经营的经营项目群。例如加盟品牌药店、面包点心店、干洗店、连锁超市、煤气站等，与政府、社会机构和产品供应商合作经营幼儿园、菜市场、美容美发店、会所、酒店、社区医院等。

4. 中介代理经营平台

中介代理经营平台是指物业项目部不直接提供服务或产品，而是通过与供应商或业主签订中介代理协议，为客户和供应商搭建桥梁，收取合理中介代理费的经营项目群。一般包括建材销售代理、保险代理、家庭装修代理、搬家代理、家政服务代理、团购服务、小区各类商品展销、各类商品小区推广等。

5. 社区门户网站经营平台

社区门户网站经营平台就是在所管物业项目建立社区网站，为居民提供日常所需的商品信息，把居民的需求与商家的供应信息联系起来，把物业公司的有偿服务经营业务和业主的需求联系起来，给居民和商家提供了一个交流的平台，让信息服务于居民，让需求服务于商家。社区网站是立足于广大社区居民需求的网站，它不仅仅带动了居民社区的生活，而且带动了整个商圈、信息圈、娱乐圈等的发展。社区居民的需求信息、商家的广告宣传都经过社区网站这个平台进行传递，让信息及时全面的发布。社区和网络的链接在很大程度上促进了居民的生活步伐，带动了网络消费以及网络文化和社区文化的传播，也有利于提高居民的生活水平。

6. 社区电子商务经营平台

社区电子商务经营平台就是在物业项目内建立一个电子商务平台，为业主客户提供各种网上商务服务。社区电子商务能够整合物业服务公司提供的服务、社区周边的商家提供的产品和服务、社区以外商家提供的产品和服务；社区网站还提供非赢利性的社区论坛、社区交友等功能，用户可以通过社区电子商务平台享受到一站式服务。物业服务公司开展社区电子商务经营平台的主要模式是通过整合其他供应商来向社区中的住户提供产品和服务，并使用专业的电子商务平台运营商提供的社区网站和呼叫中心作为媒介，收入主要来自于社区电子商务平台中发生交易带来的佣金。物业公司在社区电子商务平台中承担的主要职责是发展和管理供应商，以及利用社区广告或利用每月向客户投递费用单等方式向社区住户进行电子商务平台的市场推广。

三、物业经营人员的配置

1. 公司层面物业经营人员的配置

公司层面的经营人员原则上应该配置专职的相关技术人员，有利于其专心进行物业经营活动。各物业公司可根据自身的规模和条件配置适当的专职物业经营管理人员，物业经营部一般配置 1 名经理，1～2 名副经理，若干名办事人员；业务开发部配置 1 名部长，要求有良好的市场开发经验和技能，配置若干名办事人员，最好有物业经营项目和业务开发的经验；市场监管部配置 1 名部长和若干名办事人员，要求有制定经营业务管理制度、绩效管理、品质管理的经验和能力；业务运营部配置 1 名部长和若干名办事人员，要求有经营项目管理、人力资源管理、业务运作监管的工作经验和能力；资金管理部配置 1 名部长和若干名办事人员，要求有财务管理的工作经验和能力；业务处理部配置 1 名部长和若干名办事人员，要求有售后服务、投诉处理、后勤服务的经验和能力。各物业公司也可以根据自身特点增加或合并职能业务部门，相应配置相关人员。

2. 项目层面物业经营人员的配置

项目层面的经营人员一部分是项目物业经营的管理人员，另外相当多的人员是经营业务的操作人员。除了项目经营部部长、业务拓展中心主管、业务运作中心主管、各专业经营门店店长因为专业性要求较强采用专职人员外，其他岗位人员均可用日常物业服务工作人员兼职完成。至于哪些经营项目和业务采用哪些岗位人员兼职，采用多少兼职人员，则由各个物业项目经营部根据实际情况来确定。

四、物业经营人员的培训

1. 物业经营管理人员的培训

对物业经营管理人员的培训主要是物业经营项目和业务的拓展能力、策划能力、组织实施能力、运营监管能力、项目管理能力和售后服务能力等方面。可根据相应工作岗位组织他们到先进企业交流学习、参加社会专业知识技能培训、学历进修、企业内训等。

2. 物业经营操作人员的培训

物业经营操作人员的培训主要是业务操作能力，一般包括对业务流程、作业标准、行为规范、专业技术的培训。可根据相应工作岗位组织他们进行相应的企业内训、合作机构举办的技术培训、业务部门组织的业务培训等。

五、物业公司层面的经营管理制度

公司层面的物业经营管理制度一般包括经营机构、经营业务、经营人员三方面的内容。

1. 经营机构管理制度

（1）物业经营部工作手册

《物业经营部工作手册》是物业经营部开展所有经营项目和业务的行动准则，涉及物业经营业务的开设流程、业务监管、质量管理、运营规范、财务管理、投诉处理、员工准则等方面的管理规定，明确进行有偿服务经营活动的有关事宜。

（2）物业经营机构部门职责和工作规范

《物业经营机构部门职责和工作规范》规定了物业经营所有部门的岗位职责、工作职能、作业标准和员工规范，是各部门开展工作的行动纲领。

（3）物业经营财务管理规定

《物业经营财务管理规定》规定了经营项目的开设、运营、监管、服务等业务的成本支出、收入管理、项目审核、财务审计等有关财务性工作的内容，是所有经营活动财务事务的管理准则和处理依据。

（4）物业经营绩效管理方案

《物业经营绩效管理方案》是对物业经营各部门、各经营项目、全体员工进行绩效管理的规定，明确了部门绩效、项目绩效、个人绩效的考核目标、标准、办法、依据，是各部门制定具体绩效考核办法的根本依据。

（5）物业经营薪酬激励方案

《物业经营薪酬激励方案》确定了公司整体性的部门激励和个人激励方案，明确了激励的标准和方法，是物业经营各部门和各项目进行员工经营激励的依据。

（6）物业经营目标管理方案

《物业经营目标管理方案》是对企业经营部及各个物业项目经营目标的规定，目的是规范物业管理企业各种目标的签订、评价、奖惩、监管等管理工作，确保企业总体经营目标的实施和实现。

（7）物业经营机构组织架构和岗位设置管理规定

《物业经营机构组织架构和岗位设置管理规定》是对经营部门组织机构和岗位职务设置进行规范的制度。目的是规范物业经营部门的组织架构与岗位设置，规定各部门各岗位的职责，为物业经营的整体运作提供总的指导依据。一般的管理文件资料包括《经营部组织架构图》《岗位责任书》等。

2. 经营业务管理制度

（1）物业经营项目和业务开设管理办法

《物业经营项目和业务开设管理办法》规定了物业公司开设各种物业有偿服务经营项目和业务的办事流程、决策机制、实施办法，是物业经营机构开设经营项目和业务的主要依据。

（2）物业经营项目运营监管和质量管理办法

《物业经营项目运营监管和质量管理办法》规定了各物业经营机构和经营项目及经营业务的运营监管办法和质量管理办法，明确了各种经营行为的奖惩标准，是物业经营质量管理的主要依据。

（3）物业经营项目和业务运作规程

《物业经营项目和业务运作规程》规定了各种有偿服务经营项目业务的具体运作程序和办事流程，是进行物业经营项目和业务运作的行动依据。

（4）物业经营财务事务管理规定

《物业经营财务事务管理规定》是对各类经营活动具体的财务管理事务进行规定的制度。目的是规范物业经营各项有关财务工作的操作，保证物业经营财务管理工作的正常化和清晰化。一般文件资料有《易耗品使用管理规定》《财务专用印章管理规定》《支票、发票、收据管理规定》《仓库采购管理规定》《物品验证管理规定》等。

（5）物业经营会计报表管理规定

《物业经营会计报表管理规定》是对物业经营各类会计报表的制作、编制、归档、公布等活动进行规定的制度。目的是规范物业经营部门及项目会计报表编制和公布的各项工作，确保物业经营会计报表的编制准确、报送及时，为物业经营财务公开化、规范化、制度化打好基础。一般文件资料包括《企业会计报表编制说明书》《物业服务费用收支季度公布表》等。

（6）物业经营会计核算管理规定

《物业经营会计核算管理规定》是对物业经营各种费用收支的核算事务进行规定的制度。目的是规范物业经营的现金、银行存款、备用金、其他货币资金、应收款项、原材料低值易耗品、物料用品、库存商品、固定资产、流动负债、应付账款、所有者权益、管理费用、经营收入、利润等的会计核算工作，确保企业会计核算的准确、全面、及时。

（7）物业经营资金管理规定

《物业经营资金管理规定》是对物业经营活动的现金、票据、存款、备用金等资金管理活动进行规定的制度。目的是规范物业经营机构的资金管理的操作和收入支出管理，确保经营资金的收、支、存的合理性和安全性。一般有《现金管理规定》《银行存款管理规定》《外币资金管理规定》《备用金管理规定》《应收账款管理规定》等管理文件及《现金收款清单》《银行存款票据借支单》《外币资金收支状况表》《备用金领用申请单》《应收账款回收明细表》等。

（8）物业经营固定资产管理规定

《物业经营固定资产管理规定》是对经营机构和项目各种固定资产登记、使用和清算等活动进行规定的制度。目的是规范物业经营机构的固定资产的分类、登记、盘点、清查等管理工作，确保物业经营机构的固定资产的合理利用和完好安全。一般的文件资料包括《固定资产登记表》《固定资产分类卡片》《固定资产盘点表》《固定资产报废申请表》等。

（9）物业经营投诉处理管理规定

《物业经营投诉处理管理规定》规定了物业经营机构各种客户投诉、合作商投诉、员工投诉的处理办法，是处理各种突发事件和投诉事件的行动依据。

（10）物业经营客户回访管理规定

《物业经营客户回访管理规定》是对做好业主回访工作进行规定的制度。目的是规范企业的业主客户回访的管理工作，及时检验企业管理服务工作的质量和效果，确保管理过程中企业和业主客户的关系协调。一般管理资料包括《回访记录表》《回访记录签收表》《回访统计表》等。

3. 经营人员管理制度

（1）物业经营员工职业规范管理规定

《物业经营员工职业规范管理规定》是对经营员工的职业道德和行为规范进行规定的制度。目的是规范经营部门各类员工服务工作时的职业操守和行为规范，为业主提供优质服务，从而树立企业的良好形象。一般有《员工工作管理守则》等文件。

（2）物业经营员工培训管理规定

《物业经营员工培训管理规定》是对本企业员工各种进修培训活动进行规定的制度。通过规定经营机构的各类员工培训制度，使员工经过培训后掌握与岗位相应的技能和素质，从而提高物业经营的服务质量和管理水平。一般有《年度培训计划》《各类员工培训实施规定》《员工培训申请表》《员工培训登记表》等资料。

（3）物业经营员工绩效考评管理规定

《物业经营员工绩效考评管理规定》是对经营部门员工的绩效考核工作进行规定的制度。该文件规定考评的程序和方法，目的是规范员工考评工作，确保考评的公平、公正、公开，从而提高员工的积极性和对员工的奖惩提供依据。

（4）物业经营员工招聘管理规定

《物业经营员工招聘管理规定》是企业对经营员工招聘录用工作进行规定的制度。目的是规范企业员工招聘程序，确保有效为企业输送合格的员工。一般资料有《企业员工招聘申请表》《应聘职位申请表》《面试考核登记表》《员工录用通知书》等。

（5）物业经营员工晋升激励管理规定

《物业经营员工晋升激励管理规定》是对员工职业生涯规划和工作激励等活动进行规定的制度。目的是规范员工转正、晋升、调薪等激励机制的有关规定和程序，确保物业管理企业的人力资源得到有效的利用和激励，为员工的工作提供一个公平合理的平台。一般资料包括《员工转正审批表》《员工晋升审定表》《员工工资调整表》等。

（6）物业经营员工岗位职务管理规定

《物业经营员工岗位职务管理规定》是对员工工作调动和正常的员工流动的程序进行规定的制度。目的是规范岗位职务的运作管理，确保各岗位职务功能的正常运转。一般资料包括《员工离职表》《工作交接表》《员工调动表》等。

（7）物业经营员工考勤管理规定

《物业经营员工考勤管理规定》是对员工工作态度和工作出勤进行规定的制度。目的是规范员工工作时间、考勤制度、休假请假制度、加班加点制度和考勤统计制度以及考勤的程序，为考勤的统计作出具体的规定，为员工的晋级和工资发放提供依据。一般资料包括《员工加班单》《员工请假休假单》《员工考勤登记表》和《员工考勤统计表》等文件资料。

（8）物业经营人员行政奖惩管理规定

《物业经营人员行政奖惩管理规定》是对部门和员工各种业务活动实施奖励和惩罚进行规定的制度。目的是规范行政奖惩的标准、奖惩程序以及奖惩的记录管理，确保物业管理企业的奖惩有据可依，并能适度奖励先进者，处理违纪违规者。相关资料包括《员工奖励表》《员工惩罚单》和《员工奖惩统计表》等。

（9）物业经营员工工资福利管理规定

《物业经营员工工资福利管理规定》是对员工薪酬和福利管理分配活动进行规定的制度。目的是规范经营员工的工资与福利的构成比例及计算方法和日常管理工作，合理制定收益和福利分配制度，促进员工的积极性和稳定性。相关资料包括《员工工资明细表》《员工提成发放表》和《员工福利计划的实施规定》等。

（10）经营员工投诉处理管理规定

《经营员工投诉处理管理规定》是对各种员工投诉活动进行规定的制度。目的是规范员工投诉和行政复议的程序，使员工投诉事件能准确、及时、合理得到解决，确保员工的工作积极性。一般资料包括《员工投诉管理办法》《员工投诉登记表》和《员工投诉调查处理表》。

六、物业项目层面的经营管理制度

1. 物业项目经营部工作手册

《物业项目经营部工作手册》是物业项目经营部开展所有经营项目和业务的行动准则，一般规定了物业项目经营业务的开设流程、业务监管、质量管理、运营规范、财务管理、投诉处理、员工准则等方面的管理规定，明确了物业项目进行有偿服务经营活动的所有相关事宜。

2. 社区电子商务运营管理办法

《社区电子商务运营管理办法》规定了社区电子商务网站的维护办法、运营流程、信息发布原则、业务管理程序和员工激励办法等，是社区电子商务运营的指导准则。

3. 物业经营人员工作礼仪规范

《物业经营人员工作礼仪规范》规定了各种有偿服务经营项目和业务工作人员的作业标准、行为准则和礼仪规范，是物业经营人员的行动准则。

4. 物业经营项目运营管理办法

《物业经营项目运营管理办法》规定了物业项目内开设的所有专业项目（门店）的营运流程、业务流程、人员监管、成本监管、收入管理、售后服务等内容，是专业项目运营的工作守则。

5. 物业经营业务运营管理办法

《物业经营业务运营管理办法》规定了物业项目内开设的有偿服务业务的营运流程、业务标准、人员安排、成本管理、收入管理、售后服务等内容，是有偿服务业务运营的工作守则。

6. 物业经营部门职责和岗位规范

《物业经营部门职责和岗位规范》规定了物业项目物业经营所有业务部门的岗位职责、工作职能、作业标准和岗位规范，是各业务部门开展工作的行动依据。

7. 物业经营财务管理规定

《物业经营财务管理规定》规定了物业项目内有关经营项目和业务开设、运营、监管、服务等业务的成本支出、收入管理、业绩审核、财务审计等具体性财务管理的内容，是物业项目所有经营活动有关财务事务的管理准则和处理依据。

8. 物业经营部门和员工激励方案

《物业经营部门和员工激励方案》规定了物业项目内所有有偿服务经营项目和业务的具体部门激励和员工激励分配标准，是所有经营人员经营性提成收益分配的主要依据。

9. 各具体物业经营项目和业务的《业务流程和作业标准》

《业务流程和作业标准》规定了各种具体的有偿服务经营项目的业务流程和作业标准，是进行各种经营业务操作的行动依据。

10. 各具体物业经营项目和业务的《运营管理方案》

《运营管理方案》规定了各种具体有偿服务经营项目和业务的具体运营管理办法和操作流程，是有序开展各种具体经营项目业务的主要制度。

11. 各具体物业经营项目和业务的《售后服务和投诉处理办法》

《售后服务和投诉处理办法》规定了各种有偿服务经营项目的售后服务流程和各种投诉处理流程，是进行各种经营业务的售后服务保障机制。

第3节　物业经营活动的开展

物业公司或物业项目要开展某项物业经营活动，应该经过必要的需求分析、开设条件分析、收益分析和风险分析，在条件允许、收益可观、风险可控的前提下，有序开展这项经营业务。物业经营活动一般包括项目开设和日常运作两个阶段，下面对这两个阶段的工作流程进行简单的介绍。

一、物业经营项目和业务的开设管理

物业经营项目和业务开设阶段就是物业公司或物业项目部从策划、调研、决策、准备、推广、试运营某个经营项目或业务的过程。一般开设管理内容如下。

1. 市场调查

形成开设某项经营项目或业务的意向后，应该进行客户需求调查、竞争对手调查、自身条件调查、社会资源调查等市场调查工作，得到初步可行的结论，并形成初步可行性研究报告。

2. 可行性分析

在初步可行性研究报告的基础上，进行技术条件、人力资源条件、设施设备条件、业务资格条件、业务持续性条件、资金条件等方面进行充分分析，形成初步实施方案，进行成本测算、收益预测、风险分析、机会分析，得到可行的结论，并形成可行性研究报告。

3. 经营决策

组织多方面人员对可行性研究报告进行讨论研究，结合行业调研和实地考察，按照工程程序进行经营决策，得到开设该项目或业务经营的决定，并形成正式的实施方案。

4. 前期准备

在决定正式实施后，按照实施方案进行资金、人员、场地、设备、经营资格、产品、供应商协议、规章制度、作业规范等各方面的准备，为业务试运营做好基础。

5. 市场推广

在前期准备的同时，进行该项目的市场推广活动。可以利用社区网络、户外广告、传单、电话促销、活动宣传等方式进行经营业务的市场推广，为业务正式运营创造氛围。

6. 开业庆典

在获取所有开业条件后，大型经营项目还可以根据需要举办开业庆典，并配合相应的促销手段，形成项目或业务运营的良好开端。

7. 试运营

项目或业务开业后，根据需要进行必要的试运营，在此阶段，对业务质量、人员培训、制度建设、客户开发等方面进行改进和完善，逐步形成正常有序的经营局面。

8. 正式运营

试运营效果良好的情况下，开设机构正式把经营项目或业务移交给经营机构运营，进入经营项目或业务正式运营阶段。

二、物业经营项目和业务的运作管理

物业经营项目和业务的运作管理，是指经营项目和业务进入日常化运营后的管理阶段。此阶段主要的工作流程就是进行经营业务的日常运作管理、经营成本控制、经营收入监管、经营人员管理、经营业务拓展、经营效益分配、经营质量管理等工作。一般运作管理内容如下。

1. 日常运作管理

对该经营项目和业务进行日常化管理，包括原材料采购、人员安排、客户接待、业务交易、售后服务、成本支出、收入上缴、业绩考核等管理工作。

2. 经营成本管理

就是对经营项目和业务的产品采购、人工、业务损耗、市场推广、经营能耗等各方面成本进行控制，尽量节约项目经营成本。

3. 经营收入管理

就是对经营项目和业务的已收账款及预收账款入账、应收账款催缴等有关经营收入方面进行管理，扩大项目业务的经营收入。

4. 经营人员管理

就是对该项目和业务的经营人员进行招聘、培训、配置、考核、监管、投诉处理、排班、收益分配等事务性工作。

5. 经营业务拓展

就是根据项目和业务经营情况和业主需求情况，增加业务产品，扩大业务规模，拓展业务范围，加强业务合作，培训业务技能，不断提高经营业务收益。

6. 经营效益分配

就是对经营收益按照约定在供应商、合作商、物业公司、经营人员进行分配的管理工作。真实有效的分配管理有助于项目业务的持续经营。

7. 经营质量管理

就是对经营项目和业务的操作流程、作业标准、行为规范、售后服务、投诉接待等方面进行完善和改进，提高项目和业务的经营质量。

技能训练

某大型物业公司有13个在管物业项目，管理面积400万平方米，所有项目均分布在一个大城市的各个区。目前该公司开展的有偿服务经营业务还非常少，为了鼓励各部门和员工开展有偿经营活动，该公司决定制定一份《物业经营激励方案》并实施。参考下面的案例，在教师指导下，以10～15人一组制定一份具体的方案。

例：某物业公司物业经营激励方案

为了鼓励员工进行增值性服务，提高企业的经营收入，特制定本激励方案，对开展经营性活动的部门及员工进行奖励。

一、操作程序

1. 经营部制定本公司的经营方案和实施规则以及开展各种经营业务的具体流程和各种管理规定。

2. 经营部安排各物业项目开展各种经营业务，并具体安排操作人员，各种业务按照公司经营项目规定的程序进行运作。

3. 各种具体经营业务由经营部制定详细的执行方案和奖励方案，对部门和员工的奖励原则上一个月结算一次，奖金和提成在结算后1个月内发放到个人，特殊经营项目的奖励方案可另外制定。

4. 各种经营项目的开展和结束由经营部负责制定详细方案和计划报总经理审核，并报集团批准实施。

5. 经营部对公司全部经营项目的总利润负责，以年度作为计算单位，按年度形成的利润目标进行奖励，奖金在下一年度1个月内发放到部门并按岗位系数进行员工分配。

6. 按照激励全体员工的原则，公司从经营形成的利润中按比例提取一定额度对全体员工进行奖励，以年度作为计算单位，按年度形成的利润目标进行奖励，奖金在下一年度1个月内按岗位系数发放到每个员工。

7. 各种奖励方案和奖金发放计划均由经营部制定，报总经理审核后，并报集团批准实施。

8. 各员工奖金发放的岗位系数按满工作期限的岗位系数计算，未满期限的岗位系数需相应折算。按年计算的奖金发放岗位系数按月折算（例如某员工的岗位系数为3.6，工作了10个月，则其年折算岗位系数＝3.6×10/12＝3.0）；按月计算的奖金发放岗位系数按天折算（例如某员工的岗位系数为3.6，工作了20天，则其月折算岗位系数＝3.6×20/30＝2.4）。

二、激励方案

1. 每种具体经营业务的实际操作者直接奖励该业务计划利润的10％，其奖金按月份发放，每种业务的单位计划利润由经营部在实施前发布。

2. 经营部每个月计算各物业项目形成的计划利润，该计划利润的5％奖励该项目全体员工，按计算岗位系数分配。

3. 公司经营实际利润按年度核算（期间发放的各种奖金提成均计算为成本），实际利润的15%作为奖励，其中5%奖励经营部部长，5%按岗位系数奖励经营部全体员工，5%按岗位系数奖励公司全体员工。这类奖金均在下一年度核算后1个月内发放到个人。

4. 对于提出并主持或积极配合某项经营业务的人员（经营部人员除外），该业务年经营形成的净利润的5%直接奖励该个人，奖金在该业务年度核算后1个月内发放，奖励计划由经营部提出报总经理审核，并报集团批准实施。

5. 对开展物业增值性经营活动作出重大贡献者，公司根据实际情况另外实施奖励，具体奖励计划由经营部提成，报总经理审核后，报集团批准实施。

三、控制方式

1. 各种业务经营方案和有关规定及人员安排均由经营部拟定，报总经理审核后，并报集团批准实施。

2. 经营部负责统筹安排各类经营业务的实施和监控。

3. 经营部负责月份和年度各类经营奖励方案及计划的制订和实施。

4. 各经营项目的计划利润均由经营部在项目经营前制订并对全体员工进行公布，实际操作者和物业项目的经营奖金按计划利润提成分配。

5. 开展各种经营业务的员工原则上均不得影响本职岗位工作，造成投诉或事故的，公司可根据影响程度对该员工进行取消经营奖金、调离岗位、行政撤职、开除等处理。

6. 各部门和员工均不得私自开展经营活动或私自获取报酬，所有经营收入均归公司所有，一经发现查实私自经营或侵吞公共收入的，公司可根据影响程度对该员工进行扣补侵吞收入、取消经营奖金、调离岗位、行政撤职、开除等处理。

7. 经营部要积极制定各种经营监控制度和机制，尽量杜绝各种不良现象的发生，并鼓励员工积极开展经营活动。

8. 公司鼓励各部门和员工积极提出和主持参与各类经营性业务，对提出和主持参与某经营业务形成利润的员工进行奖励。

思考与练习

1. 大型物业公司应如何应用社区电子商务平台来开展物业经营活动？

2. 物业项目要开展有偿服务经营活动一般应包括哪些工作程序？

3. 社区门户网站和社区电子商务网站有哪些共同点？哪个平台更适合成为大型物业社区的物业经营活动的载体？为什么？

4. 物业公司开设专项经营项目（如餐馆、超市、菜市场等）有哪些风险？应该如何控制？

5. 小型物业公司应该如何组建物业经营机构？应该建立哪些必要的经营管理制度？

第二章　特约性经营

特约性经营就是物业服务企业为方便业主和客户工作、生活及经营而提供的各种委托代办性有偿便民服务。开展特约性经营一般要调查和引导业主客户生活各方面的消费需求。当业主客户的需求达到一定消费规模的时候，物业服务企业可以作为中间服务商来联络供应商，提供具体协调的有偿中介服务。这种特约性经营方式有三个关键点：一是物业服务企业要深入调查和了解各业主客户存在或潜在的需求服务规模；二是物业服务企业要链接好各种需求服务的供应商；三是物业服务企业要为满足这些服务需求而建立各种特约经营服务机构。

第 1 节　特约性经营的项目和程序

业主客户的个性化需求决定了物业服务企业拥有着庞大而丰富的特约服务市场资源。

一、特约性经营的主要项目

不同物业服务企业有不同的社区资源和业务特点。物业服务企业可根据自身的特点和管理项目的差异性来经营以下特约性的经营服务项目。

1. 家政服务

家政服务项目主要包括家庭保洁、家具养护、家电清洗、家教、钟点工、保姆、月嫂、家庭病床护理、老人陪聊等家政性服务。这些服务项目已经成为当今物业服务企业主要争夺的对象。物业服务企业可以根据这些项目的特点和业务需求去制定相应的特约性经营方案、实施计划和管理措施。

家庭保洁服务是指以家庭居室、生活设施及物品的整理、清洁、杀菌、消毒、保养等为主要内容，可以延伸到企事业、社区的保洁服务。这是一个非常庞大的需求市场。家庭保洁服务目前有三种表现形式：常规保洁服务、专项保洁服务与拓荒保洁服务。

家具养护是指用科学的方法来处理家具损坏或老化的问题，主要是通过采取控制环境或者处理物品本身的结构等措施来预防或延迟家具的损坏或老化，使其尽可能处于一种无变化的状态，保持家具所处的状态相对稳定，以确保家具的完整性和价值的稳定性。

家电清洗就是对家用电器进行微型的保养，以增加家电运作效率以及使用寿命，使业主客户能更好地利用家电，保持家庭清洁使业主客户更加健康。家电清洗包括饮水机、油烟机、空调、电磁炉、电冰箱、计算机、热水器、电视等一些经常使用的家用电器。

家教包含两个方面含义：一是指专门从事家庭教育的教师，即家庭教师；二是指家庭教育。前者的从业者主要来源是高等院校的在校学生、在职教师和有专业特长的人。家庭教师的工作是帮孩子补课或者传授一些学校正常教育以外的专业技能知识，也有进行单独或小团体辅导的行为。家教的范围已不限于在校学生的课程辅导，而是囊括几乎所有专业性技能，满足各个年龄层的个性化辅导。

钟点工又叫小时工，是指在法定劳动年龄内，受雇于同一雇主的劳动时间每天不超过4小时，劳动报酬以小时作为计算单位的一种非全日工作制的用工形式。具体讲，钟点工在一个用工单位每日、每周、每月工作时间分别在法定的日、周、月的标准工作时间50％以下，可以和一个以上用工单位以小时为单位建立劳动关系，并履行相应的权利和义务。

现代社会把保姆称为家政服务员，即家政劳动服务的直接提供者，也称为家庭社会工作者。家政服务员是专门根据业主客户要求为所服务的家庭操持家务，照顾儿童、老人、病人，管理家庭事务的人员。因家政服务这一职业还有其特定的要求，即从业人员不仅要有一定的技能，以满足家庭生活的需求，还必须有较高的职业道德。从性别上看，家政服务员以女性居多。家政服务员要求具有良好的道德品质、高度的责任感，还要具有熟练的家务技能和法律、安全、卫生基本知识，应具备灵活的处世方法、较强的适应能力和忍耐能力。随着家政行业的发展，市场可细分为佣家型家庭服务、智家型家庭服务及管家型的家庭服务，其中管家型家政服务是更高级的智家型服务。

月嫂是专业护理产妇与新生儿的一种新兴职业，属于高级家政人员，肩负一个新生命与一位母亲是否安全健康的重任；有的还要料理一个家庭的生活起居。从事专业月护的员工应毕业于正规的医护院校，并具备一定的临床护理经验及能力；专业化的临床护理，使孕、产妇在产前、产期、产后，从心理到生理上得到全面的呵护。

家庭病床护理主要包括为业主客户提供有关护理知识和技术的咨询指导；对不同病情实施针对性的护理，在护理过程中及时修订护理方案，保证护理质量；对护理对象及家属进行护理操作技术培训，传授护理方法，使护理对象及家属协助做好护理工作；实施心理护理，减轻病人的心理负担，增强战胜疾病的信心；宣传普及卫生知识及保健知识，增强社会人群的健康意识及自我保健能力；为慢性病患者提供良好的康复护理，促进健康恢复。

2. 代办代理服务

代理服务项目主要包括代聘保姆、搬家、家教、汽车年审、保险业务代理、汽车团购、家电团购、婚庆礼仪代理等服务。

代办服务项目主要包括接送小孩、代缴各类费用、代订报刊杂志、代办邮寄、代订机票和车船票、代办旅游、花卉养植、宠物喂养、观赏鱼喂养等服务，还有代办各类宴会（日常家宴、寿宴、生日宴、婚宴），代订各类文艺演出、体育赛事门票等服务。这些代办服务可以让客户不用出门，一个电话解决问题。此举可极大地满足业主客户最紧迫服务需要，节省他们时间，减轻他们的工作量，满足他们工作和生活各种需要，提高他们的工作效率和生活水平。

3. 商务服务

商务服务项目主要包括文件打印、传真复印、室内摆花、商务联谊、商务会议安排、庆典活动策划、商务旅游等商务性服务。

这些物业的商务服务可以增值，这能为物业服务型企业带来额外可观的利润，从而为物业经营企业的可持续健康发展提供强有力的资金支持。

4. 上门服务

上门服务项目主要包括送水、送奶、送煤气、送餐、送花、送报纸、维修家电、医药上门、代送粮油等服务。

上门服务是商务活动中售后服务形式的一种延伸，是专业人员对委托人住处所作的登门拜访；也指上门为他人做事，并使他人从中受益的一种有偿或无偿的活动，它不以实物形式，而是以一种提供活劳动的形式满足他人某种特殊的需要。物业服务企业在物业服务范围方面可以延伸自己的服务项目，整合社区资源，将上门服务纳入统一的物业管理范围，对社区有上门服务需求的业主客户制定专门的相关业务流程，在保证业主客户的人身和财产安全的同时，满足客户上门服务的业务需求，实现物业服务企业、业主客户和中间服务提供商多赢。

二、特约性经营项目的工作程序

做好特约性经营项目的前提，就是要先制定好特约性经营项目的工作程序。特约性经营项目的工作程序一般在小区和写字楼物业管理项目中广泛实施。建立特约性经营项目的工作程序的主要好处：一是可以规范社区的各项物业服务管理，对社区的和谐稳定健康发展起着很重要的维稳作用；二是可以让社区有效资源得到最优的配置，取得事半功倍的效应。特约性经营项目一般工作程序如下。

1. 成立经营机构，确定业务流程

如果社区特约性经营项目规模不大，特约性项目可以由物业管理处去落实，这时可以让物业项目管理处成立专门的经营部，全面负责经营业务工作；如果物业服务企业有多个特约性项目，就可以由物业服务企业总部成立一个专门的特约性服务经营部，各个项目管理处成立经营组，经营业务实施自上而下的管理。经营部可以制定特约性经营业务的整体工作业务流程和各个具体的特约性经营项目的个体操作流程和规范。

（1）家政服务业务流程

通知各有运营资质的家政服务公司参加招商会议→招投标合作经营单位或议标合作经营单位→洽谈合作经营事宜→签订代理合作经营协议书→社区发布家政代理服务业务经营公告→建立代理业务服务经营登记档案→代理业务经营活动分析总结→归档。

（2）代理服务业务流程

通知各有资质的代理中介服务机构参加招商会议→招投标合作经营单位或议标合作经营单位→洽谈合作经营事宜→签订代理服务合作经营协议书→社区发布代理服务业务经营

公告→建立代理服务业务经营登记档案→代理业务经营活动分析总结→归档。

（3）商务服务业务流程

通知各有资质的商务中介服务机构参加招商会议→招投标合作经营单位或议标合作经营单位→洽谈合作经营事宜→签订商务服务合作经营协议书→社区发布商务服务业务经营公告→商务服务业务经营活动分析总结→建立商业业务经营登记档案→归档。

（4）代办服务业务流程

通知各有资质的代办服务业务机构参加招商会议→招投标经营合作单位或议标经营合作单位→洽谈合作经营事宜→签订代办服务合作经营协议书→社区发布代办服务业务经营公告→代办业务经营活动分析总结→建立代办服务业务经营登记档案→归档。

（5）上门服务业务流程

通知各有资质的服务产品机构参加招商会议→招投标经营合作单位或议标经营合作单位→洽谈合作经营事宜→签订上门服务合作经营协议书→社区发布上门服务业务经营公告→上门服务业务经营活动分析总结→建立上门服务业务经营登记档案→归档。

2. 制定制度和配置人员

确定整体特约性经营管理制度及业务流程，下设网络服务相关管理制度及业务流程、家政服务管理制度及业务流程、代理服务管理制度及业务流程、商务服务管理制度及业务流程、代办服务管理制度及业务流程、上门服务管理制度及业务流程。另外还要制定一套家政服务、代理服务、商务服务、代办服务、上门服务专职和综合类的岗位职责，制定出《网络服务操作规范》《家政服务操作规范》《代理服务操作规范》《商务服务操作规范》《代办服务操作规范》和《上门服务操作规范》；制定相关的业务执行手册；制定员工在具体经营过程中的操作程序，如相关业务的基本提成制度和相关业务的奖惩制度。根据业务特点配置专门的经营人员和其他物业管理岗位的兼职人员，满足业务客户群体不断增长的各种业务代理需求。

3. 业主客户服务需求调研

设计好业主客户服务需求的调查方式。可以采取纸质问卷调查、网络问卷调查及短信问卷调查为主的三种形式，也可以采取其他非主流的调查方式。业主客户服务需求可以从家政服务需求、代理服务需求、商务服务需求、代办服务需求、上门服务需求等业务开展问卷调查，通过汇聚调查数据进行科学的统计分析，确定每种业务的需求特点和重点业务分布状况，再制定相关的业务经营对策。

业主客户需求调研首先要制订好调查工作计划，可以是周计划、月计划和年计划。根据这些计划实施业主客户需求调查活动，统计分析各种经营业务调研结果，确定每项调研经营项目是否开展，如能开展则要相应为各类业主客户需求量身定做各类服务项目，制定落实标准、业务经营的操作流程及行动指南，从而最终确定各种需求项目经营具体运营方案和人员如何配置等详细的运作方案。

4. 制定特约性经营实施方案

根据业主客户服务需求调研统计分析最后得出的结果，列出网络服务需求、家政服务需求、代理服务需求、商务服务需求、代办服务需求、上门服务需求等项目各类详细数据和图表，组织相关人员进行可行性分析，确定项目经营的盈亏平衡点。在考虑长远利益和短期效益兼顾的情况下，在盈亏平衡点以下的亏损项目要慎重考虑或基本不作考虑，能够为企业带来利润的经营项目才纳入物业服务企业的特约性经营考虑的范畴。这些特约性经营项目一旦被公司确定开展经营的时候，经营部便要着手制定详细的特约性经营项目实施方案。实施方案应该包含以下内容：各种项目的运营计划、人员岗位定编安排、各项业务操作规范和运营流程、管理费用及利润摊销分配比例、在运营过程中对人员的奖勤罚懒的各项激励制度以及在经营过程中如何进行风险控制等。

5. 确定各种具体特约性经营项目的执行计划

经营计划是保证各种具体特约性经营项目能否顺利实施的重要保障，所以确定好各种具体特约性经营项目的执行计划非常重要。物业服务企业在针对家政服务、代理服务、商务服务、代办服务、上门服务等具体特约性经营项目时，一定要制订具体详尽的经营执行计划。一个完整的经营计划应该包含以下内容：产品（服务）的供应方式、人员岗位的具体安排、业务操作流程、价格管理细则、费用开支控制与预算、收入配置及利润分配比例安排、合同执行和监督管理等。

6. 经营任务和工作分配

家政服务、代理服务、商务服务、代办服务、上门服务等特约性经营任务可以采用先总后分的方式来进行制定。即可以先制订一个总体的经营计划，然后对总计划进行逐步分解，将经营任务细分到具体的各业务板块。经营项目执行计划可以根据任务量的大小进行任务分配、人员安排和工作任务的落实。各特约性经营任务设置的专门工作人员可以专职也可以兼任各经营项目，工作中的各岗位人员工作分配可以根据具体项目进行灵活处理和安排，力求做到人员安排工作效率的最大化和人员与项目资源配置的最优化。

7. 经营产品（服务）供应商的确定

确定家政服务、代理服务、商务服务、代办服务、上门服务等特约性经营项目的产品（服务）供应商。这些供应商确定的好坏和正确与否是特约性经营项目能否成功的关键。如果这些产品（服务）供应商是由物业公司自己或其他部门提供的，一定要确定供应部门和供应方式及相关事宜的具体安排；如果这些产品（服务）供应商是由其他企业提供和安排的，则物业公司一定要与之签订供应合同。合同内容一般要包括产品（服务）的供应方式、业务的对接程序、产品（服务）的质量保障、产品（服务）的价格变动规定、产品（服务）的责任负担方式、违约责任等条款，以确保特约性经营项目顺利进行。

8. 经营项目的实施和监管

进行家政服务、代理服务、商务服务、代办服务、上门服务等具体特约性经营项目的试运营时，要注意经营数据动态的变化情况，及时掌握出现的异常情况的背景和主要原因，并进行有针对性的分析和诊断。如果是在可控范围之内，物业服务企业可以通过调整相应的经营策略对经营进行逐步完善和改善。联系具体业务项目重点分析市场有效需求状况，可以进一步监管特约性经营项目业务实施的质量水准和经营运作的流畅程度，最后评估这个项目是否取得了成功。

9. 经营收支的管理

成本控制是特约性经营项目的关键。特约性经营项目能否取得较好的经济效益，与成本是否得到较好控制有着直接的关系。从这个角度来讲，特约性经营项目与经营收支的管理有着非常紧密的联系，确定和控制好各个特约性经营项目的费用支出和建立一套完整的经营收入管理制度是非常重要和必要的。特约性经营项目非常重要的一个环节就是要对各个项目的实际财务收支进行有效的可行性的经济分析，根据研究成果，就可以做出基本的判断：该项目是否需要再进一步扩大经营或暂停该项目的正常运营。利用科技手段和信息化建设可以有效降低管理成本，OA 系统的应用也成为物业服务一个重要利器，值得关注和推广。

10. 经营项目的动态分析和管理

由于从事的特约性经营项目是与市场紧密联系在一起的，经营环境随着市场的不断变化而呈波形变化，特约性经营项目也是处于一个不断变化的环境之中。也就是说，各个特约性经营项目的经营状况是一个不断变化的动态过程。物业服务公司的从业人员不能用静止的观点看问题，而要对特约性经营项目的业务数据进行动态分析，在分析过程中发现问题并及时解决问题。根据管理学的基本知识，物业服务企业也可以采用 P（策化）→D（实施）→C（检查）→A（处置）的无限循环管理模式持续提出在特约性经营项目方面的改进计划方案，从而不断提高和规范物业服务企业的管理水平。

第 2 节 家政服务

一、家政服务的内涵

家政服务是指家庭的主人将部分家庭事务中的琐碎、繁杂或带有一定技术性的工作指定给家政公司或专业人士来代为完成的服务。家政服务一方面，为广大家庭提供了保姆、护理、保洁、维修、家教、物流配送、家庭管理、清洁托管等方面的服务体系，从而把家庭的主人从琐碎、繁杂的家务中解放出来，去从事他们愿意做的、想做的事情上来；另一方面，它是解决再就业问题的主要渠道之一。家政服务的内涵如下。

（1）家政是指家庭事务的管理。“政”是指行政与管理，它包含有三个内容：一是规划与决策；二是领导、指挥、协调和控制；三是参考、监督与评议。

（2）家政是指在家庭这个小群体中，与全体或部分家庭成员生活有关的事情，它带有一种“公事”的意味，另外还含有“要事”的意思。

（3）家政还指家庭生活办事的规则或者行为准则。家庭生活中需要有一些关于行为和关系的规定，有的写成条文，有的经过协商形成口头协定，有的在长期共同生活中成为不成文的习惯规则。这些规则有综合的，也有单项的，如对学习和娱乐，常常需要作特别的规定。

（4）家政指家庭生活中的实用知识与技能、技巧。家庭事务是很具体、很实际的，人们的修养、认识、管理都要与日常行为结合起来才能表明其意图，实现其愿望。

（5）家政是家庭中对有关各个家庭成员的各项事务进行科学认识、科学管理与实际操作，以利于家庭生活的安宁、舒适，确保家庭关系的和谐、亲密，以及家庭成员的全面发展。

家政服务的基本内容有基本家政服务、少儿服务、庆典礼仪三大类别。基本家政服务的内容是：陪护病人、照顾老人、侍候月子、照看小孩、家教、办公环境清洁、家庭日常保洁，以及地毯清洁、家具清洁、内外墙清洁、地板养护清理等。少儿服务的内容是：中小学生上下学接送，假期乐园，放学后看护辅导，中午小饭桌。庆典礼仪的内容是：花卉租摆、花车租用、摄像、主持、新娘化妆、礼服租用、婚庆租车及商务会议和旅游用车服务等。

二、物业公司开展家政服务的基本形式和工作流程

物业公司可以根据企业自身和物业管理项目的情况和特点，选择提供家政服务的形式。基本形式有三种：第一种是自己成立家政公司，提供全面家政服务业务；第二种是加盟品牌家政服务公司，在其品牌推广和技术支持下开展家政服务业务；第三种是公司经营部成立家政部，自己提供简单的家政服务业务的同时，与专业家政公司合作，提供全方位的家政服务业务。无论采用哪种方式经营，物业公司都最好成立家政部，对相关业务进行管理。一方面进行对外管理，负责对接家政服务供应商和设备工具采购及市场推广；另一方面进行内部管理，招聘培训员工，制定业务流程和员工奖惩等管理制度，进行财务监管和业务运营控制。

1. 成立家政服务公司

物业公司可成立一家家政服务公司（或家政服务中心）归经营部管理，提供全面的家政服务业务（具体经营内容在第五章第四节详述）。这项工作的基本流程如下。

（1）注册家政服务公司

注册家政服务公司的基本手续是：工商局名称预核—银行存注册资本金（一般 3 万元以上）—会计师事务所验资并出报告书—带上房屋租赁证明、公司章程等文件去工商行政管理部门办理执照—凭执照回执刻公司印章、法人印章、合同印章、财务印章等—凭执照到地税、国税登记，领取税务登记证—到质量技术监督局领取机构代码证—银行开立基本户。

（2）成立组织机构，配置工作人员

一般是物业公司内部安排人员任经理，从社会上聘请有经验的人员任业务主管，招聘专职家政服务人员，内部确定兼职家政服务人员。

（3）制定家政服务管理制度

家政服务公司要有完整的管理制度，可以借鉴学习其他公司的经验。主要的管理制度有：家政服务工作规范，各项家政业务作业标准和流程，家政人员管理规范，家政服务各项业务合同，家政服务奖惩制度，家政服务财务管理制度，家政服务业务监管制度等。

（4）家政服务经营准备

家政服务经营准备内容包括：家政公司办公地点的确定和环境布置，管理制度和业务合同及各项家政业务表格等资料的制定和印刷，家政人员的培训，各项家政服务工作工具的配置，家政人员服装的采购等。

（5）家政业务市场推广

把家政公司可开展的家政业务向业主和周边客户进行市场推广，推广形式一般是做户外广告和派发宣传单，宣传内容包括家政业务类型、服务标准、收费标准、推广优惠措施等。

（6）家政业务的运营

接受业主和客户的业务委托，签订服务合同，提供相应家政服务，收取相应的服务费用，进行服务业务回访和投诉处理。

（7）家政服务的收支管理

加强各项费用支出管理，如员工工资标准、材料集中采购、业务奖惩标准等管理措施的建设；加强各项收入的财务监管，主要是杜绝员工干私活和部门小金库，防止家政服务收入不能全部进入公司账户。

（8）新家政服务项目的开发和推广

随着家政业务的开展，经验的积累和业主家政服务需求的增长，要不断开发新的家政服务项目并推广运营，从而增加家政服务公司的收益。

2. 加盟家政服务公司

由于部分物业公司缺乏家政服务的管理经验和技术力量，可选择加盟品牌家政服务公司，以家政服务中心的形式来运作家政业务。其优点是可以快速获得家政从业资格、管理制度体系、专业技术支持、家政人员提供、家政项目推广；缺点是要缴纳适当的加盟费。这种形式的工作流程基本与成立家政服务公司相同，只是增加了加盟管理的内容。具体工作流程如下。

（1）家政服务市场调查

调研物业管理项目及周边社区的家政服务需求，形成可行性分析报告，确定开展家政服务业务。

（2）选择品牌加盟家政服务公司

一般选择有一定知名度的本地家政服务公司加盟，进行有关事宜的谈判沟通，签订加盟协议。

（3）家政服务经营准备

家政服务经营准备内容包括：家政服务中心机构的设定，经营地点的确定和环境布置，加盟公司各项管理体系的导入，家政人员的培训，各项家政装备工具的配置，家政服务各类表格的设计、印刷等工作准备。

（4）接受加盟公司的开业指导

加盟公司一般会在家政服务项目的开设、价格的制定、服务标准的确定、人员培训、市场推广、运行监控等方面提供全方位的开业指导。

此外，加盟家政服务公司的工作流程还包括家政业务市场推广、家政业务的运营、家政服务的收支管理和新家政服务项目的开发和推广，这些流程与自己成立家政公司基本相同。

3. 家政服务中介代理

如果物业公司没有精力或财力，或者物业项目的家政服务需求不大，物业公司可以与专业的家政服务公司签订合作协议，提供家政服务中介代理业务，并收取一定的中介代理费。这种家政服务运营模式一般是物业公司自己提供少量低技术含量的家政服务业务，大部分家政业务只是作为中介代理，转交给专业家政服务公司去操作。一般工作流程如下：

（1）寻找合作家政服务机构

在物业项目所在地区寻找合适的家政服务机构，可以与多家机构签订家政服务中介代理协议，收取合适的中介代理费。

（2）成立家政业务管理机构

物业公司成立家政业务管理机构（如家政部），开展与专业家政机构的业务对接、市场推广、业务监控、员工奖惩、财务管理等工作。

（3）家政服务业务推广

在物业项目内推广专业家政服务机构的家政业务，协助业主与机构签订家政服务合同。

（4）家政业务的协调管理

当业主与家政机构发生家政业务纠纷时，进行第三方协调沟通，保持良好的业务管理。

（5）自身家政业务的开展

在与专业家政机构合作的同时，物业公司也可以根据自身情况和物业特点及业主需求，自己开展一些需求大的家政业务。

附：

与业主签订的家政服务合同样本（适合中介代理的家政服务）

合同编号：

甲方（用户）： 身份证号：

联系电话： 住宅地址：

乙方（家政服务员）： 身份证号：

联系电话： 原籍地址：

丙方（家政服务组织）：

服务电话： 经营地址：

根据《中华人民共和国合同法》及有关法律、法规的规定，甲、乙、丙三方本着平等、自愿、诚实守信的原则，就家庭服务相关事宜签订本合同。

第一条 甲、乙、丙三方的关系

丙方和乙方是劳务合同关系，乙方受丙方委派为甲方服务。

第二条 家政服务内容

在丙方的推荐下，甲方愿意选择符合上岗条件（体检合格，经过岗前培训并取得行业或政府相关部门认可的培训合格证书）的乙方为其家庭服务，乙方也愿意承担甲方的第______________________项服务。

1. 一般家务；2. 照料孕、产妇与新生儿；3. 照料婴、幼儿；4. 照料老人；5. 护理病人；6. 医院陪护病人；7. 计时服务；8. 婴幼儿保教；9. 其他______________________。

第三条 服务地点____。

第四条 服务期限： 年 月 日至 年 月 日。

第五条 乙方的服务报酬和丙方的管理费，及其支付期限、方式

1. 甲方每月支付丙方费用________元，包括乙方服务报酬________元和丙方管理费________元。其中乙方服务报酬由甲方直接支付乙方。凡不足月者按日平均服务报酬和日平均管理费结算。

2. 乙方上岗试用期为________个工作日，试用期服务报酬为____________元。试用期未满解除合同，服务报酬按日计算；试用期满合格后按合同约定支付服务报酬。

3. 甲方应在乙方每完成1个月工作的第5日前，分别支付丙方管理费和乙方服务报酬。

4. 乙方领取服务报酬后，在服务报酬领取卡上签字确认，服务报酬领取卡由甲方保管。

第六条 甲方的权利和义务

1. 甲方的权利

(1) 合理选定乙方。有权辞退身体不健康（体检不合格）、不能完成合同约定工作或有不良行为的乙方。

(2) 有权了解乙方情况。可要求乙方提供近期在本市区级以上医院体检合格的证明，对乙方提供的体检报告有异议的，可要求重新体检，若体检合格，体检费用由甲方承担，并给予乙方适当的营养补助；若体检不合格，则体检费用由乙方承担。

(3) 有权追究因乙方过失造成损失的经济及法律责任，并向乙方、丙方要求经济赔偿，但不得对乙方采取搜身、扣押钱物、殴打、威逼等侵权方式处理。

(4) 有权要求丙方重新委派合适的家政服务员，以代替因乙方自身原因而被辞退的家政服务员，继续履行合同。

(5) 具有下列情形之一的，甲方有权解除合同：①乙方有传染病；②乙方不能独立完成合同约定的工作任务；③乙方有偷窃或刁难、虐待甲方成员等行为；④乙方工作消极懈怠或故意提供不合格服务；⑤乙方主动要求离职；⑥乙方未经甲方同意，以第三人代为提供服务；⑦丙方拒不更换家政服务员或者更换3次后仍不能达到合同要求；⑧空岗3日丙

方未派替换人员到岗工作。

2. 甲方的义务

(1) 在签订合同时需出示有效身份证件办理用户登记手续，如实填写家庭地址、服务面积、联系电话、服务内容以及需要的特殊服务照顾和家中是否有传染病及精神病人等事项；如需变更以上内容，或决定更换乙方或终止合同，要及时并以有效方式通知丙方。

(2) 尊重乙方的人格及劳动，不歧视、不虐待乙方。向乙方提供与家庭成员基本相同的伙食（老人、病人、孕妇、儿童餐除外）；为乙方（住家服务员）提供适当和安全的居住场所；当乙方需接触病人的血液、呕吐物及排泄物时，应为乙方提供相应的卫生用品，如口罩及一次性手套等。

(3) 对乙方的工作内容和方法负有指导责任。应向乙方明确服务要求、生活习惯，合理安排日常家庭事务，重要工作可以予以示范。

(4) 妥善保管家中的现金和贵重物品，并根据自己的实际情况加强防范措施，如财产价值重大可以自行追加投保“家庭财产”的相关险种。

(5) 合理安排乙方正常的工作和休息时间。具体要求由双方根据实际情况商定，基本原则是：保证住家服务员每天的基本睡眠时间；住家服务员每周休息半天加国家法定假日，可采取实时照休或集中补休的办法，以便为乙方需处理个人事务或回乡探亲时提供方便；因工作需要不能安排休息的应参照国家相关规定补偿加班服务报酬。

(6) 未征得乙方和丙方同意，不得擅自将乙方转为第三方服务，不得擅自将乙方带往非约定服务场所服务，不得擅自增加合同外的服务项目，不得让乙方从事与合同内容不符的工作。

(7) 要求乙方安全作业。因甲方没有采取安全措施，或因家庭设施、设备等原因造成乙方发生意外伤害，甲方应承担相应责任；如乙方外出未按时归来或发生意外事故，甲方应在 24 小时内通知丙方；在乙方突发疾病或遭遇其他伤害时，甲方应采取必要的救治措施并立即通知丙方。

(8) 配合丙方对乙方的管理、教育和工作指导；如对乙方服务质量有异议的，应及时向丙方反映。

第七条　乙方的权利和义务

1. 乙方的权利

(1) 有权按时得到服务报酬，以及得到正常的休假和休息时间。若甲方占用乙方休假或休息时间，乙方有权要求支付加班服务报酬。

(2) 有权保护自己人身和名誉不受侵犯，有权追究因甲方过失造成的经济损失及法律责任。

(3) 有权与有侵权行为或严重违反合同约定的甲方、丙方解除合同。

(4) 有权拒绝从事与合同内容不符的工作，有权拒绝为第三方服务，有权拒绝在非约定地址服务。

(5) 有权要求丙方协助处理乙方与甲方的纠纷。

2. 乙方的义务

(1) 遵守国家的法律法规，不得有任何主观恶意损害甲方合法权益的行为，如乙方因工作失误而造成甲方人身或其他权益受侵害的，则要承担相应的法律责任和经济赔偿。

(2) 善待所服务对象，禁止擅自离岗。如确需提前终止合同，应提前到丙方处办理手续。

(3) 与甲方发生纠纷应及时向丙方反映，经丙方同意方可中止提供服务。

(4) 按照培训或用户的要求操作，认真做好家庭服务工作，不得在甲方住处从事与家庭服务无关的活动。

(5) 服从甲方的管理和指导，尊重甲方的生活习俗，工作认真负责，勤俭节约，经手的钱物账目清楚。因工作失误给甲方造成损失，应主动赔偿。

(6) 遵守职业道德，不得擅自将他人及亲友带入或住宿甲方家中；不得擅自翻动、拿用甲方物品；不得擅自动用高档电器和贵重物品；不参与甲方家庭内部事务和邻里纠纷；不泄露和传播甲方的家庭隐私和个人信息；爱护甲方家庭和财产。

(7) 请假外出应征得甲方同意。外出3小时以上的，采取实时照休的休假办法的要按日平均服务报酬数扣除相应的服务报酬，采取集中补休的休假办法的可作调休而不扣除相应的服务报酬。住家服务员放假外出应告知去向，不得在外留宿；如遇特殊情况不能按时返回的，应提前通知甲方。

第八条　丙方的权利和义务

1. 丙方的权利

(1) 有权依据合同约定按时收取管理费。

(2) 有权向甲方了解乙方的工作情况和对乙方进行管理，有权对乙方的错误行为进行批评指正。

(3) 有权对甲方的投诉或乙方的情况反映作实事求是的核实及处理。

(4) 有下列情形之一的，丙方有权召回乙方，并解除合同：①甲乙方串通使乙方脱离丙方管理；②甲方未按时支付相关费用；③甲方无正当理由频繁要求调换家政服务员。

2. 丙方的义务

(1) 向甲方提供具备真实身份、身体健康（体检合格）和具有从事家庭服务能力的家政服务员，也为乙方提供甲方的基本情况和注意事项。

(2) 为乙方建立个人资料和服务档案，全面记录乙方的工作经历和评价，对乙方有效的身份证、暂住证或居住证、健康证复印存档。

(3) 建立家政服务质量管理制度，定期了解乙方的服务情况，指导督促乙方执行合同的各项约定。在了解乙方工作情况时，不得给甲方带来不必要的干扰，不得侵犯甲方的隐私。

(4) 负责乙方的培训、教育和管理工作，加强对乙方的思想教育、技能培训和监督指导。

(5) 确保甲方在服务质量上的利益和维护乙方的合法权益。接受甲方与乙方的投诉，协调甲方与乙方的关系，妥善处理投诉和调换要求。接到甲方更换和辞退乙方的通知，应在4小时内到甲方处协调处理。如一方决定更换或终止合同的，应在3天内调换与约定服务项目能力相当的家政服务员或给予办理解除合同手续。

(6) 有责任协助解决甲、乙双方产生的纠纷。因乙方的过失致使甲方人身或其他权益受到侵害而造成损失的，丙方应积极配合追讨，除由乙方承担法律责任和经济赔偿外，丙方应承担连带赔偿责任；因甲方的原因造成乙方损失的，丙方应出面协调解决。

(7) 为乙方购买《家政人员意外伤害保险》和为甲方购买《家政人员服务责任险》。

第九条　甲、乙、丙三方的特别约定

1. 甲乙双方要和睦相处，相互尊重，彼此关心，友好互利，不得以民族、籍贯、性别、年龄等情况为由歧视对方。

2. 甲、乙双方的任何一方如不能继续履行合约的，须提前7天通知对方和丙方。否则，责任方应向对方赔偿15天的日服务报酬额作为违约金；甲、乙方协商解除合同的，应与丙方办理解除合同手续。

3. 服务期满甲方续用乙方，应提前15天与乙方同到丙方处续签合同。

4. 乙方离岗时，甲方与乙方均应认真检查各自财物有无损坏和丢失，乙方离岗后，合同各方不再为他方承担财物损失责任。

第十条　违约责任

1. 甲、乙、丙三方应遵守合同约定，任何一方违反合同约定的，其余各方均有权解除合同并有权要求赔偿因违约造成的损失。

2. 丙方没有为乙方购买《家政人员意外伤害险》和为甲方购买《家政人员服务责任险》的，应承担由此而造成相关的经济损失和赔偿责任。

3. 甲方逾期支付丙方应收费用的，每逾期1天按应付费用1%向丙方支付逾期付款的违约金。

4. 甲方逾期支付乙方服务报酬的，每逾期1天按应付服务报酬1%向乙方支付逾期付款的违约金。

5. 甲方因乙方自身原因（体检不合格或有不良行为的）而辞退乙方，丙方应在乙方辞退之日起，按甲方要求在3天内重新推荐家政服务员，否则，每逾期1天按乙方月服务报酬的1%向甲方支付违约金。

第十一条　合同争议的解决办法

本合同如果发生争议，应由各方协商解决，协商不成的，可向本市家庭服务业协会或本市消费者委员会申请调解，协商或调解不成的，按下列第________种方式解决：

提交××仲裁委员会仲裁。

向人民法院起诉。

第十二条　合同未尽事宜及生效

本合同未尽事宜三方另行协商补充，补充协议与本合同具有同等法律效力。

本合同一式三份，甲乙丙三方各执一份，具有同等法律效力，自各方签字或盖章之日起生效。

甲方（签字）： 乙方（签字）：

年 月 日 年 月 日

丙方（盖章）： 法定代表人（签字）： 年 月 日

第3节 代办代理服务

一、代办代理服务的内涵和意义

代办代理服务是指物业公司根据业主生活、学习、工作、商务、娱乐等方面的需求，为业主提供方便、高效、快捷的业务代办代理，并收取一定服务费的经营行为。代办代理服务本质上是一种“跑腿”业务，是物业公司提供业务人员代替客户去完成其想完成的业务，并收取合理的服务费用。物业公司代办代理业务一般可分为家庭生活代办代理和商务活动代办代理。

代理服务一般是指物业公司安排工作人员代替客户去处理有特定业务部门和业务流程的专业性事务。一般需要业主提供必要的业务资料、身份证明材料、装备工具等支持才能办理，或者物业公司也可以联系与特定的业务部门合作，对业主委托的代理业务进行集中办理，如固话申请安装、宽带网安装、汽车保险申购、招商代理、汽车年审等。

代办服务一般是指物业公司安排工作人员代替客户完成没有特定业务部门和业务流程的一般性事务，如生活用品代购、票务代订、汽车代驾、宠物代养、小孩代接、酒席代订、快递代接等。

随着社会的高效发展和消费水平的提高，人们越来越追求一种高效、方便、快捷、安全的生活方式，代办代理业务的需求也越来越大，业主委托物业公司代办代理各种业务的市场也在快速成长。虽然单件的代办代理业务收取的服务费一般不是很高，但由于物业项目内业主人口众多，需求多元化，形成的业务量非常大，而且由于物业项目本身具有的封闭性和垄断性，必然会给开展代办代理业务的物业公司带来巨大的有偿性服务收益。

物业公司可提供的代理服务包括代理招商招租、房屋租售代理、代理电信业务、广告代理、搬家代理、代聘保姆、婚庆代理、保险业务代理、财务代理、代理年审、汽车团购、家电团购等。代办服务包括代接送小孩、代订餐、代缴费用、代订报刊、代办邮寄、代订机票和车船票、代办旅游、花卉代养、宠物代养、酒后代驾、代办宴会服务、代订门票等。

二、物业公司开展代办代理服务的工作程序

物业公司开展的各种代办代理服务项目其业务流程有所不同，但其工作程序基本都相同。物业公司可根据自身的条件和业主需求的状况，有针对性提高代办代理业务，收取合

理的服务费用。代办代理服务的一般工作程序如下。

1. 代办代理业务市场调查

设计调查问卷。在物业公司所管理物业项目中进行业主需求调查，一般调查问卷要有代办代理业务的内容、价格、服务标准等内容。根据调查结果，形成可行性研究报告，并选择需求量大的业务进行筹备经营。

2. 成立代办代理业务管理机构

物业公司可在公司经营部或物业项目客户服务中心下设代办代理部，全面负责物业项目业主（客户）的代办代理业务管理工作。代办代理部部长（主管）一般应该为专职，其他工作人员可以由公司内部人员兼职。

3. 代办代理业务管理制度体系建设

全面制定代办代理部的工作规程、财务监管规定、员工奖惩办法、各项业务工作流程、业务作业标准、各项业务委托（合作合同、资料表格、业务宣传手册）等管理制度及资料，并印刷备用。

4. 代办代理业务前期准备

在开展某项业务前，要进行供应商的洽谈对接、合作协议的签订、专业及兼职业务员的安排、必要设备工具的购置、各种资料表格（宣传单、价格表、业务委托合同、业务工作单、收据票据等）的印刷备用等必要的前期准备工作。

5. 业务市场推广

把可开展的代办代理业务向业主和周边客户进行市场推广，推广形式一般是做户外广告和派发宣传单及网络宣传，宣传内容一般要包括业务类型、服务标准、收费标准、推广优惠措施、注意事项等。

6. 接受客户的业务咨询和委托

可通过客户服务中心接待代办代理业务的咨询。需求发生时，需要委托合同的协调签订合同并向有关业务人员发出业务工作单；无合同要求的直接发出业务工作单。业务工作单一般包括四联，包括客户联、经营部联、人力资源部联、工作人员联，以便进行质量管理、财务监管和部门员工奖励提成核对。

7. 代办代理业务的操作运营

代办代理部将委托业务进行统计分类汇总，安排有关人员按照相关业务工作流程和作业标准进行该业务的操作执行，并对所有运营业务进行运营组织、协调、统筹和监管。

8. 开发和运营新的代办代理业务

根据业主客户的需求和公司自身的情况，代办代理部进行市场调研、业务对接、人员安排、业务培训、项目确定，开展运营新的代办代理业务，逐步形成代办代理业务的系统化，实现更大的边际效益。

9. 财务监管和收支管理

通过业务工作单和业务回访等形式对各项代办代理业务进行财务监管，加强对业务收据、合作分成、部门奖励、员工提成、业务支出的收支管理。

附：

物业招商代理服务委托合同范本

委托人：××房地产开发有限公司（以下简称甲方）

住所地：

电话：　　　　传真：　　　　联系人：

受托人：××物业管理有限公司（以下简称乙方）

住所地：　　　　　　　　　　电话：

甲方就本公司拥有的________平方米的商铺、场地、设备等，特委托乙方代理出租、整体转让等服务。该商铺位于____________；权证属性：_________。租金：________。售价：________。

一、代理权限及期限

1. 代为发布信息，介绍寻找客户。

2. 代为谈判、协助签约、办理相关手续等。

3. 代理直至出租或转让合同签定完成。

二、代理服务费

1. 如成功帮助甲方与第三方签定租赁合同，则甲方须给付乙方合同年租金中的一个月的价款作为代理服务费；如成功帮助转让第三方的，则甲方须按合同总价的______%计算支付乙方代理服务费。

2. 在甲方授权乙方租赁（或出售）的价格以上部分（包括土地和商铺及设备），则需另行按______________________________奖励乙方。

3. 支付时间：甲方与乙方介绍的第三方客户签定租赁或买卖合同并收到首期款项之后五个工作日内，支付佣金给乙方。

4. 如甲方未能按期支付佣金给乙方，则每逾期一天，甲方应向乙方支付上述佣金的3%作为滞纳金给乙方。

三、甲、乙双方义务

1. 甲方及时向乙方提供房屋租赁或买卖的必备文件。

2. 为便于乙方开展上述委托业务，甲方应积极配合乙方工作。

3. 乙方应及时向甲方通报业务处理状况。

4. 乙方将努力通过市场流通渠道寻找客户，促成甲方委托的交易。

四、违约条款

1. 甲方与乙方介绍的客户签订租赁/买卖合约得到执行后，支付本委托书内订明之委托服务费予乙方。若在委托期内或在撤销委托后六个月内，甲方私下与乙方介绍之客户签订意向书或租赁/买卖合约，甲方仍按照委托书内订明之服务费全额交付给乙方。

2. 对乙方介绍的客商，无论是客户提供或参与直接面谈，只要客户与甲方签约的，均作为中介确立。

五、本合同一式两份，甲、乙双方各执一份。

第二章

甲方：　　　　　　　　　　　　　　乙方：

20　年　月　日　　　　　　　　　　20　年　月　日

第4节　商务服务

一、商务服务的内涵

商务服务是指为企业提供服务的行业划分。其分类涵盖了诸多行业，如法律服务、商旅服务、信息咨询、广告服务、公关服务、教育培训、特许经营、金融服务、保险理财等二十几个行业。这里说的商务服务，是指物业公司为业主客户提供的具有商业性质的有偿性服务。商务服务一般在写字楼、商业广场、酒店等商业性物业开展较多，也可以在高档公寓和商住一体化大厦进行。

随着现代化办公的快速发展和市场分工的日益精细，越来越多的客户需要物业公司提供全面的商务服务业务。根据商业物业的客户业务类型不同，自身办公条件不同，对商务服务的服务范围要求也存在不同。较齐全的商务服务项目包括以下业务内容：翻译服务，包括文件、合同等；秘书服务，包括各类文件处理；办公系统自动化服务；整套办公设备和人员配备服务；临时办公室租用服务；长话、传真、电信服务；商务活动、会议安排服务；商务咨询、商务信息查询服务；客户外出期间保管、代转传真、信件等；邮件、邮包、快递等邮政服务；计算机、电视、录像、摄像、幻灯、手机租赁服务等；票务、报刊、杂志代订服务；客户电信设备代办、代装服务；文件、名片等印制服务；成批发放商业信函服务；设备安装服务服务；秘书培训服务；客户接送、接待服务；外出安保服务；客户公司开业、周年庆典服务等。

二、物业公司开展商务服务的工作程序

1. 成立商务服务经营机构

物业公司可根据自身企业架构和物业项目特点，成立商务中心（或商务部），对各种商务服务业务进行全面管理。一般配置几名专职商务服务人员，其他业务人员可以从物业公司内部或外部单位聘请相应业务人员兼职。

2. 商务业务项目的确定

商务中心可根据物业公司自身的设施设备、人力资源、专业技术和客户需求及市场分析，确定可以提供的商务服务项目。要确定各商务服务项目的内容、标准、价格等内容，同时做出该业务的财务预算分析报告。

3. 商务业务管理制度体系建设

全面制定商务中心的工作规程、财务监管规定、员工奖惩办法、各项业务工作流程、

业务作业标准、各项业务委托［合作合同、资料表格、业务宣传手册（单）］等管理制度及资料，并印刷备用。

4. 商务业务前期准备

在开展某项业务前，要与供应商洽谈实现业务对接、合作协议的签订、专兼职业务员的安排、必要设备工具的购置、各种资料表格（宣传单、价格表、业务委托合同、业务工作单、收据、票据等）的印刷备用等必要的前期准备工作。

5. 业务市场推广

把可开展的商务业务向业主和周边客户进行市场推广，推广形式一般是做户外广告、派发宣传单及网络宣传，宣传内容一般包括业务类型、服务标准、收费标准、推广优惠措施、注意事项等。

6. 接受客户的业务咨询和委托

可通过客户服务中心接待商务业务的咨询，需求发生时，需要委托合同的协调签订合同并向有关业务人员发出业务工作单；无合同要求的直接发出业务工作单。业务工作单一般包括四联，包括客户联、经营部联、人力资源部联、工作人员联，以便进行质量管理、财务监管和部门员工奖励提成核对。

7. 商务业务的操作运营

商务中心将委托业务进行统计、分类、汇总，安排有关人员按照相关业务工作流程和作业标准进行该业务的操作执行，并对所有运营业务进行运营组织、协调、统筹和监管。

8. 开发和运营新的商务业务

根据业主客户的需求和公司自身的情况，商务中心进行市场调研、业务对接、人员安排、业务培训、项目确定，开展运营新的商务业务，逐步形成商务业务的系统化，实现更大的边际效益。

9. 财务监管和收支管理

通过业务工作单和业务回访等形式对各项商务业务进行财务监管，加强对业务收据、合作分成、部门奖励、员工提成、业务支出的收支管理。

附：

某甲级写字楼文字翻译服务协议

甲方： 地址：

Party A: Address:

乙方：××物业服务有限公司 地址：

Party B: Address:

甲乙双方本着友好协商、共同发展的原则签订本翻译服务合同，其条款如下：

Both parties of Party A and Party B have signed the Translation Service Contract based on the principle of friendly cooperation and mutual development. The articles are as follows:

一、甲方委托乙方为其提供翻译服务，及时向乙方提交清晰、易于辨认的待译资料，提出明确要求，并对乙方的翻译质量进行监督。

1. Party A entrusts Party B with the translation service. Party A shall provide legible documents in time and give clear requirements and control the translation quality of Party B.

二、乙方按时完成翻译任务（如发生不可抗力的因素除外），向甲方提供已翻译好的打印件及电子文件各一份。具体交稿日期由双方商定。对于加急稿件，交稿期限由双方临时商议。

2. Party B shall complete the translation work in time and deliver the translation by printed hard copy and a relevant disk within the agreed date (with the exception of the delay caused by Force Majeure). Details about the delivery time will be discussed between the two parties. For the urgent request, the delivery time will be discussed accordingly between the two parties.

三、乙方对甲方提供的任何资料必须严格保密，不得透露给第三方。

3. Party B shall keep confidentiality of any documents provided by Party A and can not disclose to the third party.

四、翻译工作量统计：电子译稿按计算机统计的中文版字符数计算（中文版Word2000 中"不计空格的字符数"）；打印译稿按中文原稿行数×列数统计计算（行×列）。

4. Calculation of the load of translation: For electronic documents, the translation load shall be based on the statistics of the computer (Chinese Version Word2000 "Chinese characters not including blank spaces"). For printed documents, the translation load shall be calculated according to lines of Chinese characters (the original printed copy), i. e. lines × rows.

五、乙方按优惠价格向甲方收取翻译费用：英译汉为____元/千字符（十万字以上）。

5. Party B will charge the translation project from Party A with favorable price: For English - Chinese ____ RMB/1000 Chinese characters and marks (More than 100000 Chinese characters and marks).

六、乙方可以在翻译开始前为甲方预估翻译费，甲方付款时则按实际发生的工作量支付给乙方翻译费用（工作量统计方法见本合同第四条）。以下为乙方的账户信息：

账户名：××物业服务有限公司

开户行：　　　　　　　　　　账号：

6. Party B can evaluate and notice Party A the estimated translation fee before the launch of the project. Party A shall pay to Party B the amount of translation fee according to the actually calculated load of translation (as specified in Clause 4 of this Contract). Below is the bank information of Party B.

Account name:

Bank：　　　　　　　　　　Account number：

七、乙方承诺，交稿后，免费对翻译稿进行必要修改，不另行收取费用。

7. Party B promises to provide necessary modifications to the translation documents free of charge after the delivery.

八、付款方式：甲方在收到乙方译稿的当日按实际费用先支付乙方翻译总费用的50%，余款应在交稿后的30日内付清，如第35日余款还未付清，则甲方每延误一天需要向乙方交纳翻译总费用5‰的滞纳金。

8. Terms of payment：Party A should pay Party B 50% of the total payment when the translated document is delivered（on the same day）. The remaining 50% will be paid fully within 30 days. When the payment is not received in 35 days，a late payment charge of 5‰ daily is applied.

九、乙方应当保证译文的翻译质量和翻译服务达到行业公允的水平，如对译文的翻译水平发生争议，应由双方共同认可的第三方评判，或者直接申请仲裁。

9. Party B shall guarantee that the quality of the translation and relevant service be up to the received evenhanded standard of the translation industry. In case any disputes arising from the quality of the translation material，it shall be settled through the judgment of a third party agreed by the two parties or apply to arbitration directly.

十、本合同一式两份，双方各执一份，经甲乙双方签章后生效。

10. This contract is written in duplicates，one for each party and shall come into force after being signed and sealed by both Party A and Party B.

第5节　上门服务

一、上门服务的内涵

上门服务是指物业管理公司为方便业主而提供的各种有偿上门服务业务的总称。物业项目服务中心可根据物业项目的特点、业主的需求、自身的资源等条件，有针对性地选择需求量大的上门服务项目进行经营。可供物业公司选择的上门服务项目一般有送水、送气、送餐、送货、家庭维修、家庭清洁等服务。由于现代生活节奏的不断加快，业主在“衣食住行”各方面都有上门服务的需求，物业公司可根据业主需求和自身特点有效提供相应上门服务业务，在为业主提供舒适方便的生活条件的同时获取可观的经济效益。

物业公司在利用自身资源提供工程维修、设备安装、送水、送气、家庭保洁、家庭环境检测等上门服务业务的同时，也可以与其他服务供应商合作，提供家电维修、家具保养、代购物、快递代发代送、代送餐、环境监测、上门医疗等上门性服务，在为业主提供方便的同时收取合理的服务费用。

二、物业公司开展上门服务的工作程序

1. 上门服务需求市场调查

物业管理根据市场调研和项目分析，确定拟提供的上门服务业务，制定需求信息调查表，对业主进行需求调查，统计分析调查数据，形成调查报告。

2. 确定上门服务业务项目

根据调研结果和自身条件及供应商情况，确定上门服务业务项目，进行成本测算，确定每个服务项目的价格标准和服务内容标准。

3. 制定业务流程和作业标准

确定上门服务项目价格和内容后，制定相应的业务操作流程和作业标准，从而保证上门服务业务的质量。

4. 制定业务的运行机制

根据上门服务业务的特点，确定各种业务的运行机制，包括用人机制、激励机制和约束机制，一方面保证业务的有序运作，激励员工积极参与业务营运，另一方面也监督服务质量，防止员工暗箱操作业务，确保公司的业务收益。

5. 业务操作人员的配置和培训

根据业务特点和技术要求，配置相应的操作人员，并进行相应的技能培训和礼仪规范，掌握业务流程和作业标准，保证业务运作的服务质量。

6. 上门服务业务的供应准备

根据业务运作要求，在资金、人员、场地、设备、原材料、作业表格资料、营运资格等各方面进行准备，为正式业务的开展打好基础。

7. 上门服务业务的宣传推广

为了扩大业主对上门服务业务的认知度，通过网络、宣传栏、传单、电话等方式的小区推广，增加上门服务业务的影响力和接受程度。

8. 实施各种上门服务业务

根据业主的电话、现场、网络需求邀约，按照业务操作规范提供相应的上门服务业务。

技能训练

参考以下汽车代驾协议，编写一份某小区代办汽车年审协议。

汽车代驾协议

甲方：××物业管理有限公司

乙方：

甲、乙双方经友好协商，就乙方邀请甲方提供酒后代驾服务事项达成协议如下：

1. 甲方接受乙方的服务预约，保证按本公司《代驾服务管理规范》要求将乙方从预约指定地点安全送回目的地。目的地若有变化以乙方确认代驾完成签字为准。

2. 甲方服务专员到达指定地点与乙方签订本协议时必须佩戴公司胸卡。按乙方与甲方电话预约的收费标准收费；如因乙方原因取消服务预约，本市区范围内路途20公里以内，乙方须支付甲方服务专员交通费20元，代驾保底费100元；本市区超出20公里的，要加收里程费，每公里加收5元，本市区外超出20公里的，每公里加收10元。代驾员到达，客户在邀约时间不能出发的，要加收等候费，每10分钟加收10元。

3. 出发前乙方需配合甲方服务专员了解乙方车辆特性及车况，如果乙方车辆已有破损情况需经双方确认，若属乙方车况不良引发的车辆损坏，甲方将不承担赔偿责任。

4. 乙方有责任保管好车内及随身财务，以免引发不必要的法律纠纷；甲方也严格要求自己的服务专员不得接触乙方车内及随身财务，如发生财务损失，甲方服务专员在警察到达现场调查之前不得离开现场。

5. 送车途中，乙方不得干扰甲方服务专员驾驶，不得要求违反交通法规操作和行驶。如乙方提出过分要求，甲方服务专员有权拒绝，并及时报告公司请示处理办法。

6. 如遇意外交通事故，若属于甲方服务专员驾车违章行为而应承担的责任，按保险公司车辆损失赔付规定不赔车辆损失部分将由甲方承担；当由甲方所负责任达50%以上时，甲方还应负责乙方车辆修理期间适当的交通补贴费用100～200元。若属于对方车辆主要责任的，甲方不负责损失赔偿，但可协助交警调查及保险理赔。

7. 乙方需如实告知车辆保险情况。甲方声明：甲方只为有基本保险（车损险加三者险，交强险）的车辆提供代驾服务，同时也只为通过公司电话预约的客户提供服务（私下约本公司代驾专员签订本协议无效）。如因乙方隐瞒以上情况未如实告知甲方，出现任何车辆、人员意外伤害事故损失甲方均不承担赔偿责任。

请乙方如实填写下方表格（特别是保险情况），并在回到目的地时在表格最后一栏再次签字。如遇本协议未尽事宜而出现问题将由双方友好协商解决。

本协议由甲方盖章、乙方签字即生效。一式两份，乙方留存客户联。

甲方：××物业管理有限公司　　　　　　　　乙方签字：

协议签订时间：　年　月　日　时　分

××物业管理有限公司汽车代驾工作单

客户姓名		车型		车牌号		手机号码	
代驾员		工号		手机号码			
出发地		目的地		邀约时间			
保险情况	□全险　□基本险（车损险、三者险、交强险）					出发时间	
出发公里数		送达公里数		里程加费		送达时间	
代驾基本费		等候加费		最终收费		客户签名	
服务满意度	□满意　□较满意　□不满意 代驾服务建议：					客户签名	

续表

代驾单位		盖章		经办人	
代驾收费说明	1. 代驾保底费80元，本市区范围，路途20公里以内 2. 本市区超出20公里的，要加收里程费，每公里加收5元，本市区外超出20公里的，每公里加收10元 3. 代驾员到达，客户在邀约时间不能出发的，要加收等候费，每10分钟加收10元				

思考与练习

1. 大型社区内物业公司应如何开展家政服务？有哪些具体的措施？

2. 代理业务与代办业务有哪些联系和区别？物业公司在住宅小区内应该开展哪些典型的代理和代办服务？

3. 请列举8种以上典型的上门服务业务类型，并制定各种业务的操作流程和作业标准。

4. 大型写字楼应开展哪些商务服务？物业公司应如何进行业务的市场推广？

第三章　配套性经营

物业项目的封闭式和配套性特点决定了物业企业存在广泛的配套服务优势。物业服务企业可以“把物业配套设施设备作为平台，以经营业主需求为中心”，依据物业项目的特点，利用“地利、人和”的优势和现成的配套设施来开展包括商业网点、文体娱乐、文教卫生、交通网点等在内的配套性经营。一般新建住宅小区都要求建有商业用房、文化设施、文教卫生设施、停车场等配套设施，物业公司可与开发商达成协议，有针对性地选择合适的项目进行经营。

第1节　配套性经营的项目和程序

一、配套性经营的内涵

物业的配套性是指物业以其各种配套设施满足人们各种需要的特性。没有配套设施的物业不能满足人们的各种需要；人们的各种需求从客观上决定了物业的配套性。物业配套越齐全，其功能发挥就越充分。

物业公司开展配套性经营，就是物业公司要根据公司自身条件、业主需求状况、项目配套设施设备情况、与开发商合作状况，有选择性地开展相关配套业务的经营行为，充分利用业主需求资源、物业配套设施资源和物业公司人力资源来进行配套性项目经营，从而获取可观的配套性经营收益。

二、配套性经营的主要项目

物业配套设施是由多系统组成的，按其服务层次，应包括以下内容。

1. 住宅基本生活单元的配套设施

人口规模为3 000人左右的住宅群，其配套设施应有居民服务站、小商店、文化室、儿童游乐场等。

2. 住宅小区的配套设施

人口规模在1万人左右的住宅群，其配套设施包括托儿所、幼儿园、小学、中学、储蓄所、邮电所、运动场、粮店、煤店、百货店、副食品店、菜店、饮食店、理发店、小修理门市部、综合商店、自行车棚、废物回收站、居委会、变电所、公共厕所、垃圾站等。

3. 住宅区的配套设施

人口规模在4万～5万人的住宅群，其配套设施包括医院、门诊部、银行、办事处、邮电支局、电影院、科技文化馆、青少年之家、运动场、多种与生活有关的商店、街道办事处、派出所、商业管理机构等。

4. 市政公用设施

市政公用设施指在全市范围内住宅配套的设施，包括城市公用事业和城市公用设施。前者指城市自来水、煤气、供热、公共交通，后者指市政工程设施、园林绿化设施、公共卫生设施等。

概括来讲，物业公司开展配套性经营可选择的主要项目包括了商业网点、文体娱乐、文教卫生、交通网点等类型的经营项目。物业公司要充分进行业主需求调查、竞争对手分析、自身条件分析、合作厂商分析，有针对性地独立开展或合作运营需求量大的配套性经营项目。

三、配套性经营的工作程序

做好配套性经营项目，首先就是要获取必要的配套设施设备和场地，然后进行经营项目的调研、策划、组织实施、市场推广、试运营、日常运营管理、项目改进等。配套性经营一般工作程序如下。

1. 前期协调，获取配套性经营设施和场地

由于物业管理行业的特殊性，相当部分的物业公司是物业项目开发商自己成立的，不隶属开发商的物业公司因多数物业项目也是从开发商手上获取，所以与开发商有良好的合作关系。因开展配套性经营的设施及商铺一开始都是在开发商手中，物业公司要与开发商进行紧密的协调和合作，以获得必要的经营资源。一般的配套文教卫生设施（如幼儿园、社区诊所）、文体娱乐设施（如文化宫、运动场馆）、生活设施（如菜市场、停车场）是国家规定开发商要建设的，交通网点设施（如楼巴）是开发商为了促销建设的，物业公司可与开发商协商获取这些设施的经营管理权；另外，物业项目的商业网点设施通常是开发商以开发商铺进行销售或出租的形式来体现，从物业公司经营的角度来说，最好是采用出租的形式，物业公司与开发商沟通获得所有商铺的出租经营权，选择自己调研、决策、经营的商业网点项目（如便利店、药店、水店、餐馆、五金店等）方式进行经营，其他剩余商铺再进行限制性转租（即承租方不得经营物业公司开展的项目），从而保证不出现恶性竞争性经营，获得最大的商业效益。

2. 建立经营项目筹建机构，进行全面筹办工作

在获取配套性经营设施场地后，物业公司建立经营项目筹建机构，进行配套性经营项目的调研、策划、与合作方协调、立项、经营项目方案编制、工作人员安排、任务分工等全面筹办工作，为开办具体配套性经营项目做好前期准备。

3. 经营项目市场调研分析

根据公司拟开办的配套性经营项目进行市场调研分析。主要是对客户需求、周边竞争对手、项目技术条件、合作方条件、自身资源条件进行调研分析。根据分析结果，甄别开办经营哪些项目，哪些项目自己独立经营，哪些项目与外部机构合作经营，并形成调研分析报告供决策层进行决策。

4. 制定具体经营项目实施方案

公司决策层确定开办哪些具体经营项目后，经营部便要着手制定详细的配套性经营项目实施方案。各个经营项目实施方案应该包含以下内容：项目开办条件、办理流程、经营场地安排、建设时间安排、项目成本测算、经营收入预测、投资回收期和每期利润测算、项目经营的内容和形式、经营人员配置规模、业务操作规范和运营流程、员工奖惩制度、财务管理流程、收益分配方案、风险控制方法、合作经营约定等文件。每种经营项目可根据自身的特点决定具体的实施方案，一般要求有内容、成本、收益、人员、时间、流程、制度等方面的设计。

5. 确定具体经营项目的执行计划

各个具体经营项目实施方案经过决策层讨论通过后，就要制订具体的项目执行计划。执行计划是保证各种具体配套性经营项目能否顺利实施的重要保障，一个好的项目执行计划应该包含以下内容：项目开办的建设进度表、各项工作任务的责任人和办事人员安排、产品（服务）的供应方式、岗位人员的具体安排、业务操作流程、价格管理细则、费用开支控制与预算、收入配置及利润分配、合同执行和质量监督管理等。

6. 经营项目的组织实施

项目执行计划通过后，各任务负责人按照计划实施各项工作任务，包括经营资质的申办、经营制度和表格的准备、经营场地的建设、经营设备的配置、经营人员的业务培训、经营合作的业务协调、经营产品（服务）的准备、经营项目的市场推广、经营业务的试运营等。各具体配套性经营项目可按照该项目的特点安排实施顺序和进度。

7. 经营项目的运营和监管

经营项目正式开业后，就进入日常运营管理阶段。这个阶段主要是对业务的服务质量、经营的收支管理、人员的规范化操作、风险的系统性控制、产品服务的有序供应、客户的投诉处理、合作方或供应方的沟通协调等方面进行监督和管理。具体经营项目可根据项目自身特点进行有关的运营和监管。

8. 经营项目的动态分析和管理

由于各种经营业务的不确定性，要对经营项目的成本、收益、风险、技术等变化情况进行动态分析。根据动态分析的结论对经营项目实施相应的管理，决定保持或改进、结业或扩展、促销或提价等经营手段的实施，保证该经营项目的经济效益和持续经营。

第2节　商业网点经营

一、商业网点经营的内涵

商业网点是指根据网点建设规划所确定的从事商品流通，为生产经营和生活服务的单体商业经营场所，或在同一区域内统一开发、统一经营或统一管理的综合商业经营场所，包括零售商店、商品交易市场、旧货市场、汽车交易市场、物流基地、餐饮店及其他生活服务业设施等。商业网点必备性业态主要包括连锁超市、便利店、菜市场、生鲜超市、药店、洗衣店、书报亭、修理店等，为社区居民提供"一站式"生活、消费、休闲、娱乐服务。

商业网点的组织形式与小区人口的密度有直接关系。人口较少的小区不宜设置过密和固定的商业网点，而更多的是采取流动服务的灵活组织形式，如代购、代送等中介代理形式，以方便群众的买卖；人口密集、交通便利的地区，商业网点的设置可采用相应规模的固定形式，例如商业街、商场、专营店等。大型物业公司或大型物业项目还可利用电子计算机等新技术在商业活动中的应用和推广，使商业网点的组织形式发生新的变化，如网上购物、自动售货机。最好可建立公司门户网站或社区电子商务，全面推广物业公司提供的所有商业服务业务。

二、物业公司开展商业网点经营的工作程序

社区商业网点的经营涉及工作、学生、生活、休闲等方方面面，有各种类型的经营内容，开办各项经营项目，有各自具体的工作程序。但各个商业网点经营项目也有共同的经营特征，物业公司开办经营商业网点项目的一般工作程序如下。

1. 获取经营场地

无论开展什么商业网点项目，首先都要有经营场地。物业公司可以利用配套设施或从开发商、业主方面租赁商铺来取得经营场地，并按照经营项目的要求进行装修、装饰。

2. 获取经营资格

开展各种商业网点项目，一般都要取得工商营业执照，有特殊要求的还要取得行业特许资格，如餐饮业要取得卫生许可证，药店要有药品经营许可证等。开办某项经营项目，就要获取所有的营业资格，具体每项经营项目的经营资格可查询相关行业要求。

3. 制定运行机制

物业公司要开展经营项目，首先要保证经营人员合法合规经营，杜绝徇私舞弊行为，这就需要制定监督机制；其次要保证经营质量，就要建立各种业务运行机制；再次要激励员工积极经营，就要建立绩效激励机制；最后要保证项目的持续经营，就要建立科学的用

人机制。

4. 经营人员配置

根据各个经营项目的特点配置相应的经营人员。一般项目负责人要求专职而且有相应的业务技术和经验；业务操作人员根据项目业务要求安排专门人员或者物业管理服务人员兼职。安排兼职人员一方面可以节约公司的经营成本，另一方面可提高兼职人员的收入，提高物业公司人员的稳定性。

5. 经营设备购置

要开展经营活动，就必须购置必要的经营设备。设备的购置要按照经营项目的要求来完成，购置活动尽量采用招投标的形式来完成，在保证质量的同时尽量降低公司的经营成本。

6. 项目产品准备

在场地、人员、设备等准备就绪后，进行产品或服务的准备，需要原材料的要购置好原材料，需采购产品的要联系好供应渠道。必要时还可以进行项目的试运营，以保证项目的正常运营。

7. 项目市场推广

为了取得理想的经营效果，一般都要进行经营项目的市场推广。可以采用社区网络推广、电话推广、宣传单推广、公告推广、促销推广、开业打折等市场营销手段，形成良好的开业局面。

8. 项目日常运营

当项目正式运营后，就进入日常化管理阶段，要根据经营情况对业务质量、产品结构、经营规模、成本控制、运营监管、售后服务等各方面进行动态管理，提高项目运营收益的同时加强项目的持续经营能力。

三、典型经营项目的经营分析

1. 菜市场

菜市场是指用于销售蔬菜、瓜果、水产品、禽蛋、肉类及其制品、粮食及其制品、豆制品、熟食、调味品、土特产等各类农产品和食品的以零售经营为主的固定场所。为使菜市场数量、规模与居住人口、地域范围相适应，很多城市都明确规定新建小区必须配建菜市场，而菜市场的建设比例须不低于住宅建筑面积的2%，并且明确要求，建设单位应当在销售场所公示配套菜市场的位置、功能等，且在房屋买卖合同中明示。“民以食为天”，菜篮子工程是社区管理的永恒话题，特别是大型小区及郊区小区，菜市场的经营有很大的盈利空间。一方面肉菜产品是业主日常消费的必需品，每天有稳定的需求量；另一方面由于物业公司的特殊地位，在客户群、销售价格、采购价等方面有很大的优势，形成良好的“产—供—销”经营体系后，菜市场将为物业管理带来稳定的经营性收益。

2. 社区超市

超级市场简称超市，是指以顾客自选方式经营食品、家庭日用品为主的大型综合性零售商场。在超级市场中最初经营的主要是各种食品，发展到现在经营范围日益广泛，逐渐扩展到销售服装、家庭日用杂品、家用电器、玩具、家具以及医药用品等。社区超市是开在家门口的超市，与城市商业超市相比，独特的“区位”优势和经营模式给社区超市带来了发展优势。便利性是社区超市的最大特点，社区超市设置在居民聚集区，选址在周边社区步行十分钟的范围以内。虽然社区超市规模比大型超市小，但也能够形成消费者对日用品和食品的一个稳定购买渠道，还能够满足居民的一部分应急需求。因此，日常生活用品购买的便捷性就成为社区超市的最大优势。社区超市的选址是很重要的，若是选址时考虑得不够全面，既会给居民的购买带来不便，也会影响社区超市的盈利。同时在开社区超市的时候，还要考虑社区现有的居民文化层次、年龄结构、购买力水平等问题。

社区超市虽然在商品的种类和价格上不能与大卖场相竞争，但二者并不矛盾。社区超市在功能上与大型超市错位，以市民平时生活所需的生鲜食品、粮油和日用商品为主要经营对象，加上它们都设在社区，更方便居民购买，虽然营业面积不大，但服务较完善。因此，社区超市作为一种新业态，以其真正便民的特点而受到市民们的接受和喜爱。

物业公司可根据自身条件、物业规模、周边商业情况、业主特点等因素选择自己开超市、便利店，或者选择与社会连锁超市经营机构合作开社区连锁超市。超市的规模和经营品种也应该根据社区规模、业主需求、居民购买力等因素来决定。

3. 儿童商品店

儿童商品店是集儿童服饰、玩具精品、婴幼儿用品、学习用品、早教培训、儿童娱乐等专业消费元素为一体的儿童用品店。物业公司开设儿童商品店的最关键点首先就是能够获得独家经营权；其次和品牌服饰、玩具、婴幼儿用品、学习用品、儿童教育、儿童娱乐设施等供应商签订合作协议，根据社区儿童的特点和业主购买力，提供相应档次的产品；最后是搞好市场推广和运作管理，获取稳定而可观的儿童经济效益。

4. 汽车美容店

汽车美容店就是提供车辆清洗美容（如内饰清洗消毒、漆面抛光封釉镀膜等），销售汽车精品（如香水、把套、挂件等），汽车保养（如更换座垫脚垫、钣金烤漆、快修快保、换油养护等）的专业汽车服务业务的商务机构。近年来汽车市场的火爆，特别是轿车私人消费时代的到来，整个汽车服务行业也得到了快速发展。目前大型社区拥有大量的私家轿车，巨大的市场前景势必给社区汽车美容店带来可观的经济效益。据调查65%以上的客户具有定点和就近维修保养的习惯，社区汽车美容店发挥地缘优势，在选址上更贴近潜在客户群，可在日后的竞争中占有先机。

物业公司开办汽车美容店有场地、人员、客户资源等多方面的优势，特别是大型高档社区，拥有巨大的客户群，有非常好的经营前景。物业公司开办此经营项目后还可以附带开展汽车年审代理、汽车保险代理、车船税代缴等业务，获取系统性的经营收益。由于汽车美容有一定的专业性，实力不够的物业公司可以选择加盟合作的方式进行该项目的经营。

第3节　文体娱乐经营

一、文体娱乐经营的内涵

小区文体娱乐经营，特指在为社区业主提供各种文化体育活动的同时，收取一定费用的文体娱乐性质的经营行为。包括开设健身中心、运动俱乐部、美容院、书店、影像店、棋牌馆、文体娱乐票务中心（代办电影票、演唱会门票，代订运动场地等），开办各种文化培训班、舞蹈培训班、声乐培训班，运动场馆经营等文体娱乐休闲活动。

二、物业公司开展文体娱乐经营的工作程序

全民健身是业主生活的重要部分，文化社区是未来社区发展的必经之路。开展社区文化和体育活动本身就是物业管理服务的一项内容，物业公司要充分利用社区文体设施和业主需求及自身团队力量来构建社区的文体娱乐经营项目。一般的工作程序包括以下内容。

1. 文体场地分析

分析小区的文体娱乐设施和场地及人员技术力量，分析小区自身条件适合开设哪些文体娱乐项目和活动。

2. 业主需求分析

进行业主文体娱乐活动需求和竞争对手的市场调查，可以通过问卷、电话、信件、现场抽样调查等方式进行，统计分析调查结果，初步确定可开展的项目，并形成市场调查报告。

3. 经营项目决策

决策层根据市场调查报告和设施场地情况及专业讨论分析，决定经营哪些文体娱乐项目。

4. 制定具体经营项目实施方案

决策层确定开办哪些具体经营项目后，便要制定详细的经营项目实施方案。经营项目实施方案应该包含以下内容：项目开办条件、办理流程、经营场地安排、时间安排、成本测算、收入预测、投资回收期和利润测算、项目内容形式、人员配置、业务操作规程、员工奖惩制度、运营流程、收益分配方案、风险控制、合作商协议等。

5. 确定具体经营项目的执行计划

方案经过决策层通过后，就要制订具体的项目执行计划。执行计划应该包含以下内容：建设进度表、工作任务人员安排、产品供应方式、岗位安排、业务流程、价格管理、费用控制、收入分配、合同执行和质量管理等。

第三章

6. 经营项目的组织实施

执行计划通过后，各负责人按照计划实施工作任务，包括经营资质的申办、经营制度表格准备、场地建设经营设备配置、人员业务培训、经营合作协调、产品准备、市场推广、试运营等。各具体经营项目可按照该项目的特点安排实施进度。

7. 经营项目的运营和监管

正式开业后，主要是对业务服务质量、收支管理、人员规范化操作、风险系统性控制、产品服务供应、投诉处理、合作方沟通协调等方面进行监督和管理。

8. 经营项目的动态分析和管理

由于业务有动态变化的过程，要对项目的成本、收益、风险、技术等情况进行动态分析。根据分析结论对项目实施相应管理。

三、典型经营项目的经营分析

1. 健身中心

社区健身中心是集器械健身、健身操、瑜伽、武术、散打、跆拳道等一系列培训项目于一体，并向会员收取一定费用的机构。“体育生活化”是把体育健身活动渗透到人们日常生活中，成为衣、食、住、行以外的第五生活基本要素。通过营造体育环境，形成体育文化氛围，促使人们形成一种以终身体育为指导思想的生活方式。以体育生活化为方向，以社区为载体，以业主健身为重点，以不同的人群参与为特色，采取滚雪球式的传统方式，以社区老少皆宜、轻松愉快的体育运动为主，把兴趣和爱好相同的居民组织起来，形成了社区乒乓球俱乐部、象棋俱乐部、家庭健身俱乐部等活动。同时还组织开展方便就近、小型多样的各种竞赛活动，使健身活动达到多样化、经常化、普遍化和制度化。

2. 瑜伽馆

瑜伽馆是用于学习和练习瑜伽的专业场所。一般而言，瑜伽馆都有齐全的设施、较全的教学项目、有专业的教练进行教学指导、有宁静良好的氛围。在瑜伽馆练习不仅能健康身心，让身材更有形，也能认识很多新朋友。目前城市人口工作压力不断增大，练瑜伽成为小区许多业主热衷的运动，市场前景非常好。

由于瑜伽馆的业务是比较专业性的活动，物业公司最好和社会品牌瑜伽机构进行合作经营，由专业机构提供技术和品牌及专业人才支持，物业公司提供场地和进行市场推广及运营管理。

3. 社区美容院

美容院是为人们提供美容护理、皮肤保健、水疗等内容的美容服务场所。通常有美容院、女子会所、水疗馆几大类。提供的服务主要有皮肤护理、按摩、卵巢保养、香薰耳烛等。

高档住宅小区开设美容院，其发展前景是非常广阔的。这一区域内居住的人群密集并且稳定，该区域人群的经济状况和消费能力比较稳定，对生活水准有着较高的要求，不需要远途出行，就可以在小区内就近消费，既省时又省力。美容业的技术要求比较高，物业公司也可以选择和社会专业美容机构合作开展此经营项目。

附：

某小区泳池承包合同书

××物业公司（以下简称甲方）：

××泳池承包人（以下简称乙方）：

为了充分利用小区资源，提高业主生活质量，为业主群众提供娱乐体育活动场所，增加物业公司和个人收入，经甲、乙双方认真协商，特定立本合同，以供双方共同遵守。

第一条 承包地点和面积

甲方将座落在____的泳池____平方米，承包给乙方经营，泳池的所有权归甲方，乙方只有管理使用权和合同规定的受益权，但不准出卖、出租或转让，在承包期内，乙方及其家庭成员享有承包继承权。

第二条 承包期限

承包期限为____年，自____年____月____日起，至____年____月____日止。

第三条 乙方上交甲方提成的办法及时间

在承包期内，乙方共上交承包款____元，其中：

____年上交____元，____年上交____元；甲方收到乙方上交的承包款后，即出具收款凭证。

第四条 甲方的权利义务

1. 甲方应将泳池及泳池设备提供给乙方使用：________。

2. 上级主管部门如有泳池贷款、现金或物资，甲方应合理分配给乙方。

3. 甲方应对泳池人员进行安全教育。如发生安全事件，甲方应积极协助乙方处理。

4. 承包人与供水单位发生矛盾时，甲方必须保证乙方用水最低水位线不低于________米。

5. 乙方需要排水或抽水时，甲方应及时提供抽水机给乙方使用。

6. 甲方有权督促乙方完成合同规定的义务。

第五条 乙方的权利、义务

1. 除不可抗力的情况发生外，乙方必须在合同规定的时间内完成合同规定的义务。

2. 乙方泳池消毒及安全设施费，娱乐用品的费用，均由乙方自理。

3. 乙方每个月要换水一次，保障水池清洁，日常过滤清洁，水费由乙方负责，甲方有监督管理的责任。

4. ________________，应优先完成承包任务。

5. 承包期届满，乙方应及时交还甲方提供乙方使用的泳池及设备，如有损坏或丢失，乙方应负责修理或赔偿。

6. 承包期届满，泳池内____。

7. 乙方有自主经营权，甲方不得干涉。乙方完成合同规定的义务后，超额部分全归乙方。

8. 乙方________________________，收款归乙方。

9. 合同期满后，甲方如再行发包，在同等条件下，乙方有优先承包权。

第六条　甲方的违约责任

1. 甲方如不按合同规定向乙方提供泳池，应偿付违约金____元给乙方，乙方并可提出解除合同。

2. 甲方如截留上级主管部门扶持泳池的贷款、现金或物资，截留贷款按其金额的____%向乙方偿付违约金；截留现金或物品，按其金额的____倍向乙方偿付违约金。

3. 甲方如无故不及时向乙方提供抽水机，应对所造成的损失负责。

第七条　乙方的违约责任

1. 乙方如不按合同规定时间完成承包任务，每逾期一天，按承包款的金额的____%，向甲方偿付违约金。

2. 乙方________________，应按总承包款的____%向甲方偿付违约金，甲方并可提出解除合同。

3. 合同期届满时，乙方如____________，应向甲方偿付____元的违约金。

第八条　不可抗力

如因人力不可抗拒的自然灾害（如水灾、旱灾等）造成泳池无水经营，经证实后，甲方应据实减少或免除乙方的承包任务。

第九条　其他

____。

本合同自承包开始之日起生效，甲乙双方均不得随意修改或解除合同。如甲方代表人发生变更，不得变更本合同。本合同中如有未尽事宜，经甲乙双方共同协商，作出补充规定。补充规定与本合同具有同等法律效力。合同期满，甲乙双方如愿意继续承包，应重新签订合同。

本合同正本一式两份，甲乙双方各执一份；合同副本一式____份（如经公证或鉴证，应送公证或鉴证机关）________各执一份。

甲方：____________（公章）　　　　乙方：____________（盖章）

第4节　文教卫生经营

一、文教卫生经营的内涵和意义

文教卫生经营，包括开办学生夏令营、各类教育培训班、医疗卫生培训班，有条件的物业可开设幼儿园、中小学、社区医院、社区门诊部、药店等文教卫生经营活动。

文教卫生活动关系到居民的民生民计问题，是业主特别关心的活动。物业公司应主动积极教育社区居民自觉遵守有关法律、法规，普及科学文化、环保卫生知识，提高社区居民的社会公德，树立文明向上的社区精神风貌，养成良好的卫生习惯。联系有关医疗机构开展健康教育宣传、咨询，积极为社区老年人、残疾人提供医疗保健、健康咨询；联系有关教育机构开展文化辅导、婴幼儿早期教育、学生课程辅导；联系有关培训机构进行各类艺术培训等。

物业公司在引导业主文化消费，倡导健康生活的同时，还应开展有关文教卫生经营项目，获取可观的经济效益。由于文化辅导、教育培训、科学普及、卫生医疗等方面的经营活动都有较强的技术要求，物业公司可与社会有关机构合作开展这些经营活动。

二、物业公司开展文教卫生经营的工作程序

1. 市场需求调研

进行业主客户文教卫生活动需求、竞争对手、合作机构、设施条件等方面的调研，统计分析调研结果，初步确定可开展的项目，并形成调研报告。

2. 合作经营机构洽谈

根据要开设的文化、教育、科学、卫生经营项目，进行合作机构的选择和谈判，形成初步的合作意向。

3. 确定经营项目

决策层根据调研报告、合作情况、设施情况、自身条件分析，决定开展哪些文教卫生项目。

4. 制定项目经营方案

确定经营项目后，根据场地设备、顾客特点、合作模式、自身条件、项目要求制定具体的项目经营方案。

5. 确定经营项目计划

方案经过决策层通过后，就要制订具体的项目执行计划。执行计划应该包含以下内容：人员安排、服务方式、岗位设计、作业流程、价格管理、费用控制、收入分配、合同执行和质量管理等。

6. 项目组织实施

各负责人按照计划实施任务，包括合作方协调、资质申办、制度表格准备、设备配置、业务培训、产品准备、市场推广等。各具体经营项目可按照该项目的特点安排实施进度。

7. 经营项目运营监管

正式开业后，主要是对业务质量、收支管理、规范操作、风险控制、服务供应、投诉处理、合作协调等方面进行监督和管理。

8. 经营项目的动态分析和管理

由于业务有动态变化的过程，要对项目的成本、收益、风险、技术等情况进行动态分析。根据分析结论对项目实施相应管理。

三、典型经营项目的经营分析

1. 药店

药店是指零售药品的门市。随着社区首诊制、药品零差率销售，以及医保政策向社区倾斜等政策的施行，未来社区的卫生服务中心和社区卫生服务站将是患者的聚集地。“扎根于居民小区，为居民提供便利”应是社区药店的经营宗旨，社区药店首先要改变“首推高毛利商品”等原有的经营模式，从过去的药品销售、终端拦截走向健康管理。

最容易生病的人往往是儿童和老人，这些人长时间生活居住在社区，所以社区药店有着稳定的客户群。如果物业公司可以控制小区的商铺经营权限，在社区内独家经营药店，将会有非常好的经营前景。由于药店经营的特殊性和技术性，物业公司往往很难独立经营，理想的方式就是和本地区药品连锁经营机构合作开办社区药店，合作机构负责药品的供应和技术支持，物业公司负责门店的销售和顾客的开发管理。

2. 幼儿园

幼儿园是一种学前保育机构，用于对幼儿集中进行保育和教育，通常接纳三周岁以下幼儿的为托儿所，而接纳三至六周岁幼儿的为幼儿园。幼儿园用房一般包括以下种类：

（1）儿童活动的室内部分：一般包括活动单元（活动室、卧室、卫生间、储藏及衣帽间等）和全园大活动室等。

（2）医务管理用房，主要有医疗保健、病儿隔离室、晨检、管理及教师办公室、会议室。

（3）后勤用房，主要有厨房、锅炉和消毒、洗衣、木工等用房。

（4）儿童活动的室外部分：主要有每班活动场地、全园活动场地（大操场、沙坑、戏水池、滑梯、平衡木）和种植园等。

随着城市化飞速发展，公办幼儿园缺口巨大，民办幼儿园呈爆发式增长。如广州公办幼儿园不足10%，社区幼儿园有非常好的经营前景。大型社区，特别是郊区小区，特别适合开办幼儿园。虽然幼儿园场地一般都是政府强制配套建设的，物业公司可以与开发商协商获得其经营权，但幼儿园的开办需要有一定的技术要求和专业要求，且要通过教育部门的审批，物业公司一般缺乏幼儿园经营管理的人才和经验，可以通过和社会教育机构合作的方式来开展经营。

附：

某培训机构加盟合作协议

甲方：________________　　乙方：________________

为了明确各自的权利和义务，更好地开展工作，经双方协商，达成以下协议：

第一条　乙方的权利和义务

1. 签订协议后，经甲方授权，乙方在当地成立________网站分支机构，并以甲方名义在当地开展工作，办公地点及办公设备乙方自行解决。

2. 乙方有权要求甲方提供便于开展工作的相关文字资料，办班或举办讲座，在师资方面有权要求得到帮助。可优先、优惠运作联合策划的各种项目。

3. 协议签定后，乙方须上交加盟合作费人民币________元，时间为签定协议即日起一年。合作双方满意可续签。

4. 乙方每次开公开课或内训课需要甲方帮助设计课程和聘请老师，需提前25天申请，老师的讲课费用和差旅费由乙方负责。

5. 乙方给当地学员发________资格证书，按实际证书成本费支付给甲方：初级________元、中级________元、高级________元、特级________元。其他证书都是按实际价格支付，各种不同证书有不同补充协议。

6. 乙方以甲方的名义在当地开展工作必须遵纪守法，按照协议条款开展工作，否则，撤销合作协议并追究法律责任。

第二条　甲方给予乙方以下支持

1. 品牌资源

享受________________品牌带来的影响力及连锁加盟体系，统一标识、统一形象、统一管理体系、统一运作模式等，还可联系国家有关部委的相关部门以及国家一级社团组织，参与主办有关大型社会活动。

2. 项目资源

甲方将为乙方精心设计独具特色的专业培训及系列课程、权威资格认证及管理咨询项目，并不断开发新的具有市场核心竞争力的优秀项目，以适合培训市场的需求，适应市场变化。

3. 人力资源

甲方为乙方提供政府官员、中外知名专家教授、高级培训师、著名企业家、职业经理人资源，为加盟合作者节省公关经费，节约讲课费等费用，辅助合作伙伴建立持续的人力资源保障。

4. 管理模式

甲方为乙方提供完善的管理系统及人事培训，传授________培训认证管理模式，规范并完善合作伙伴培训认证体系，使其更具号召性、权威性、系统性、科学性。

5. 协助运作

结合________先进的培训认证模式及系统体系，甲方为乙方提供管理支持，指导并协助合作伙伴在所辖区域内的培训认证教育市场运作。

6. 市场支持

甲方将细分市场，保证加盟机构在同一城市或地区仅此一家，以确保该加盟机构的市场占有率及利润。结合________遍及全国的营销网络、形式多样的市场活动，加强及扩大乙方的市场影响力。

7. 资料支持

甲方为乙方提供目前所有的培训认证教育教材（或讲义）、资格证书、结业证书、研修班证书、全国企业经营管理人才库证书及培训认证市场宣传资料，帮助合作伙伴开拓培训市场，获取利润。各种证书的价格补充协议规定。

8. 网站支持

甲方________网站将宣传乙方，并发布乙方关于公司简介、管理培训、资格认证、管理咨询及其他服务在内的最新信息。

9. 信息支持

有专业部门收集国内外教育市场信息，综合分析后提供给乙方，以便乙方随时掌握国内外教育流行动态、各类教育资讯。

10. 策划支持

甲方将为乙方提供论坛、年会等大型活动的具体策划方案，利用成功的策划方案进行复制和推广。

11. 办事处支持

甲方可作为乙方________办事办公寓所，实现乙方驻________办事处的部分功能。

第三条 甲方的权利及协议的期限和解除

1. 甲方有权指导和监督乙方开展工作，有权对乙方违规违纪事件进行严肃处理。

2. 本协议自甲乙双方签字盖章之日起生效。

3. 本协议一式两份，甲乙双方各执一份，具有同等法律效力。

甲方（公章）：________________ 乙方（公章）：________________

法定代表（签字）：________________法定代表（签字）：________________

________年____月____日________年____月____日

第 5 节 小区会所经营

一、小区会所经营的内涵和特点

小区会所是以所在物业业主为主要服务对象的综合性高级康体娱乐服务设施。会所原来是一个舶来品，意思是身份不凡人士聚会的场所。演变至今，会所已成为物业项目的配套设施之一，买房人在考察楼盘时，从关心项目的价格、位置、交通、户型等，进而开始注重社区的公共设施，会所也成为项目吸引买房人目光的必备条件。随着社会的发展和人民生活水平的提高，体育产业蓬勃发展，人们更加注重生活质量，健身休闲已成为时尚。在这种大环境下，会所已成为众人所关注的热点。

会所分为康体类会所、休闲类会所、娱乐类会所和综合类会所。康体类会所是指为业主和客户提供身体锻炼项目为主要服务内容的会所，一般包括医疗保健、健美健身、体育运动等服务项目；休闲类会所是指为业主和客户提供身心放松、恢复精力为主要服务内容的会所，一般包括美容美发、桑拿按摩、音乐聊吧、桌球和保龄球等服务项目；娱乐类会所是指为业主和客户提供文化娱乐、情趣享受为主要服务内容的会所，一般包括歌舞晚会、卡拉OK、杂志阅览、电子游戏、文艺汇演等服务项目；综合类会所是为业主和客户提供多种服务内容的会所，一般包括康体类、休闲类、娱乐类的各种服务项目。一般小区会所有如下特点。

1. 开发商建设，物业公司管理

会所的建立一般是开发商根据房地产开发销售的需要和业主客户的要求而设计的，建成后由专业的物业管理公司根据既定的设备设施进行非盈利性或盈利性的会所经营服务。

2. 设施设备先进，服务功能齐全

会所一般要满足广大业主和租户的娱乐休闲、康体健身的服务要求，所以往往配置了大量的先进设施设备，能够为大家提供文艺娱乐、健身保健、康体美容、饮食休闲等完善齐全的服务功能。

3. 会所定位与物业档次相适应

一般会所会根据所处物业的档次来决定会所规模的大小、服务档次高低、价格水平的高低和市场定位，以最大限度地满足业主租户和客户的消费需求，也有利于物业管理公司的经营管理。

4. 服务品质高档，管理行为规范

由于来会所消费的顾客多数消费能力较高，身份地位和素质品位较高，这就要求物业管理公司要提供高品质的会所服务和专业化的运作管理，规范服务人员的行为，提供优质的服务和管理。

小区会所应为顾客提供以下的设施：完备生活设施的组件，一般的小区包括体育场地、健身房、游泳池（包括室内和室外）、儿童游戏场所、音乐室、按摩室等。会所是提供会员社交的场地，在这里可以和亲朋一起沟通、活动用餐，会所也是培育良好的邻里关系的场地，也是健康社区发展的平台。物业公司对会所进行经营，一方面是维护小区高端物业的形象，为高端业主提供各种会所经营项目；另一方面也可以通过会所经营，获取良好的经济效益。

二、物业公司开展小区会所经营的工作程序

小区会所根据项目性质和业主特点有不同的档次、规模、类型等方面的定位，但其一般开办经营的工作程序如下。

1. 市场需求调查

对业主客户的会所项目需求、竞争对手的设施条件等方面进行调研，分析调研结果，初步确定会所的经营模式和可开展的项目，并形成调研报告。

2. 会所经营定位

定位小区会所为康体会所、休闲会所、娱乐会所或综合会所；定位为会员制会所、半开放式会所或开放式会所。

3. 会所功能设计

对医疗保健、健美健身、体育运动、美容美发、桑拿按摩、音乐聊吧、乒乓球、台球、保龄球、卡拉 OK、杂志阅览、电子游戏、西餐厅、咖啡厅、会客厅等服务项目进行选择，同时完成服务功能的设计。

4. 会所的设施设备

对提供服务项目的场馆进行设计装修、设备配置、材料采购，保证各项服务的功能完整。

5. 会所经营人员的配置和培训

根据会所经营项目的要求，配置相应的工作人员，并按照各个项目的业务规范和作业标准培训相应的工作人员。

6. 市场推广

由于会所的顾客源广泛，需要通过广告媒介和业主客户等途径来加强对会所经营的营销推广。一方面增加老顾客的消费频率和消费忠诚度；另一方面增加新顾客量和服务特色，充分增加会所服务设施、设备的利用率，从而增加会所经营的赢利能力。

7. 会员管理

主要内容包括会员人数确定、会费标准制定、入会退会管理、会员档案管理、会员制度建设等内容。

8. 提供会所服务

向全体会员提供康体类、休闲类、娱乐类等所有的会所服务项目，同时物业管理公司要提供专业的服务管理，一方面要根据会员的需求尽量调整服务质量和项目种类；另一方面要对有限的服务设施、设备进行科学管理，如实施轮流消费、分时段消费等形式，避免会员消费过分集中的现象。

9. 会所的维护管理

主要内容包括设施设备的维护、环境卫生的维护、治安消防管理、交通秩序维护等管理内容。

10. 会所的人事管理

主要内容包括员工招聘、员工培训、绩效考评、薪酬管理、辞退解聘、岗位职能、工作职责等各方面的人事管理。

三、典型经营项目的经营分析

会所可以说是房地产开发配套服务的延伸，是无形的品牌，之前卖房子拼品质，今后主要拼服务。目前的小区会所，无论是从开发建设上，还是从经营上，都还存在不同程度的问题。目前小区会所经营模式有三种主要形式。

1. 封闭式会所

封闭式会所是仅仅针对项目业主开放的会所。目前高档小区会所大多采用封闭式管理，这样既保证了小区的环境安宁、住户的人身安全、私密性，又提升了物业的品质；该类会所一般采用“会员制”，按照服务项目的差异以及不同费用标准，可以将会员分成若干种类别，形成差异化消费。

2. 半开放式会所

半开放式会所是在对内部住户开放的同时，也对社会公众开放的会所，针对不同的项目可以采用不同的开放程度。由于社会公众的进入，对于小区的安全管理带来一定的困难。有些会所采用分流管理的方式，确保外部消费群体不对社区住户安全构成威胁。同时在收费上，针对住户采用优惠政策或者会员制度。

3. 开放式会所

开放式会所就是完全的社会商业性设施，开发商采用向社会招商的形式，面向社区及社会经营，大多数中低价位项目采用该模式。

三种经营模式各有千秋，对于区域范畴特定的社区会所，理应封闭式经营，业主们在其中也能充分地感受到自身的归属感和享有特殊会员权的满足感。只对内，只向业主开放的封闭式经营很可能造成小区会所难以长久维持。虽说配套性社区会所以服务业主为本，但也不能到入不敷出的窘困境地，还勉强维系当初的承诺。没有资金支撑的会所又能提供多满意的服务呢？走出小区，适当对外开放是目前会所正在尝试的经营模式，就其开放程度而言，对外门槛越低，当然其商业化成分越浓，社区会所的初衷也就背离得越远。但是，从经济收益上说，后两者经营模式确实弥补了纯粹对内的尴尬和无奈。开发商在项目立项之初，必须与专业的咨询机构、专业运营机构确定会所经营方案，真正发挥会所的功能，实现“开发商”“专业运营商”“业主”的“三赢”局面。

技能训练

1. 根据下面流程，编写一份某大型小区的中档菜馆开办工作流程。

开办餐饮店的一般流程

1. 需要办理的工商手续

新成立的餐饮店应到所在地工商行政管理部门办理开业登记，工商管理部门在申请后30天内作出登记或不予核准登记的决定。办理开业登记的餐饮店，首先应申请店名预先核准——《企业名称预先审核通知书》，经核准后，到登记主管的工商管理部门领取企业申请开业登记注册书，登记注册的主要事项为：餐饮店的名称，经营场所，法定代表人，经营性质，经营范围，经营方式，注册资金，从业人数，经营场所面积，经营期限，分支机构。工商管理部门批准登记后，向企业法人发放法人营业执照，向法人企业或独立核算的企业分支机构发放营业执照。在领取营业执照以前，不得以餐饮店的名义进行经营活动，营业执照签发日期为餐饮店成立日期。办理开业登记应按照规定交纳登记费，开业登记费为注册资金总额的0.1%。

2. 办理卫生许可

在工商管理部门领取开业登记注册证书后，首先要到餐饮店所在当地卫生防疫站申请卫生许可证，由卫生防疫站派出工作人员到餐饮店进行考察。经营者要提供餐厅的平面布局示意图，供卫生防疫人员审查修改。考察重点为以下项目：店面布局、操作间、消毒设备和方法、库房、卫生间、宿舍、用具存放、员工体检、卫生措施（在卫生防疫站的指导下，按照《中华人民共和国食品卫生法》的规定制定餐厅的卫生措施）。

3. 办理环保审批

环保审批由所在当地环保局办理，主要审批项目为：噪声，排污。餐饮店经营者要提供餐饮店位置平面图，并标注周围环境情况和临近建筑物的使用性质，由环保局派出人员实地察验。检验合格后，由主管环保局在申请开业登记注册书上“有关部门意见”栏，签署“同意开业”，并加盖公章。

4. 办理消防审批

消防审批由所在地区公安局消防科办理。在工商局领取申请开业登记注册书后，到所在地区公安局消防科申请办理消防审批。餐厅经营者要提交申请书、餐厅位置平面图，领取《防火安全重点行业审批表》。由消防科派防火检验员检查验收。消防审批以下项目：防火责任制、燃料，特别是液化气罐的存放位置；厨房、电源、电路等有无火灾隐患；室内装修采用可燃物的，如竹、木、壁布等，要做防火阻燃处理；按照消防科的要求配备足够的灭火器；要定期对员工进行防火教育训练，举行灭火演习和考试，安全培训要做到制度化。检验合格后，由防火检验员签署检验合格意见，并加盖公安局防火检验专用章。

5. 其他相关手续

(1) 行业管理登记

到所在地饮食行业管理办公室办理，包括餐饮店定级等。

(2) 物价审核

领取营业执照和办理行业定级后，到所在地物价行政管理部门办理有关的物价审核手续。包括价签、菜单、菜品和确定烟草饮料的毛利率或综合毛利率等，报物价局备案。

(3) 办理酒类经营许可证

到工商管理部门办理酒类经营许可证。

(4) 办理烟草专卖证

领取营业执照后，到所在地烟草专卖局办理烟草专卖证，方能经营香烟。

(5) 市容管理审批

领取营业执照后，到所在地市容管理部门签定“门前三包”责任书，门面装修特别是灯箱、招牌、广告等户外设施，要报市容管理部门审批、备案。户外增加临时建筑或设施的，如凉棚、隔间等，除报市容管理部门批准外，还要经规划部门批准。

(6) 刻章

凭营业执照和工商局介绍信到当地公安局指定的印章社刻合同专用章。刻完后到工商局预留印签，另刻餐饮店法定代表人和财务负责人名章。

(7) 税务登记

领取营业执照30天内，向税务局申报办理税务登记。

(8) 银行开户

带营业执照原件、身份证及财务印签，经批准在账户预存 100 元。一般规定只能开设一个账号，但也可在不同银行办理多个账户，通常以第一家开立的账户为“基本账户”，只有“基本账户”才可以获得贷款。

(9) 办理文化项目经营许可证

兼营歌舞等文化娱乐项目的，要在领取申请开业登记注册书后，到所在地文化局办理文化项目经营许可证，经批准后到公安局特别行业管理部门备案，并在申请开业登记注册书上签署意见。

2. 根据下面连锁药店加盟程序，编制一份大型社区药店经营实施方案。

连锁药店加盟程序

(1) 咨询：通过电话、传真、上网索取加盟资料，了解加盟程序，预约访问总部的时间。

(2) 访问：参观总部、地区直营店，初步了解加盟运作等事宜。

(3) 申请：填写并提交《加盟申请表》，领取《加盟店商圈调查表》。

(4) 面谈：提交加盟店证明材料，听取加盟合作条件及运作模式介绍。

(5) 正式加盟：签定《特许加盟协议书》。

(6) 提供当地食品药品监督管理部门办许可证所需的资料，由公司统一整理后进行筹建申报。

(7) 门店规划：根据药品分类规范对门店的平面布局进行规划。

(8) 根据当地公安局要求进行消防申报。

(9) 门店装修：根据平面规划图进行装修。

(10) 人员招聘培训。

(11) 办理《药品经营企业许可证》：报当地药监部门验收、发证。

(12) 办理《营业执照》及代码证、税务登记证等。

思考与练习

1. 物业公司配套性经营可以开展哪些具体的项目或业务？每种经营项目或业务在什么情况下适合开办？

2. 物业公司开办的各种配套性经营项目，如何配置经营人员？公司如何对经营人员进行激励和监控？

3. 需要与专业机构合作的配套性经营项目，物业公司怎样寻找合作机构？与合作机构应建立哪些营运机制？

4. 配套性经营应该建立哪些方面的管理机制？具体有哪些运行管理制度？

第四章　资源性经营

物业项目的封闭性和业主、客户的稳定性特点决定了物业企业存在庞大的资源优势。物业服务企业可根据自身客户资源和物业服务项目资产资源进行相关业务的经营，在为业主、客户提供良好服务的同时，获取除物业服务费之外的其他业务经营利润。物业资源性经营的三个关键点是：寻找合适的资源性经营项目、获取资源性经营的专业许可、成立专业的资源性经营项目人才队伍。

第 1 节　资源性经营的项目和程序

一、资源性经营的内涵

资源性经营，就是物业公司利用公司自身资源、物业项目资源、业主客户资源来开展的各种经营活动的总称。一般情况下，物业公司资源有技术、人员、设备等资源，可利用其开展专业委托经营业务；物业项目资源有场地、设备等资源，可利用其开展车辆管理、场地租赁、商业广告业务；业主客户资源有大量的消费者，可以提供物业顾问等业务。

总而言之，物业公司要充分利用自身资源、物业资源、客户资源来开展车辆管理、场地租赁、物业顾问、专项业务、商业广告等资源性经营项目和业务，从而最大限度地获取物业公司的经营性收入。

二、资源性经营的主要项目

1. 车辆管理

目前全国大中型城市都存在不同程度的停车位不足状况，利用好停车场资源，为业主客户做好车辆管理服务可以为物业公司增加可观的利润。在车辆管理费居高不下的今天，车辆管理服务日益成为物业服务企业的一个重要的利润来源。无论是物业服务公司停车场地的产权（含露天和地下停车场）是属于自有、还是属于开发商或者是属于全体业主所有，物业服务企业均可以采取直营方式或与开发商签订协议的方式取得地下停车场的经营权，与业委会协商露天停车业务的经营权，增加资源性经营所带来的车辆管理服务收入。

2. 场地租赁

一般物业有花园、广场、大厅等大型空旷场地，物业服务企业通过正常渠道与广场、大厅等场地所有者进行业务协商取得相关业务许可后，可以对外提供场地租赁服务。租赁场地可以充分挖掘物业资源，繁荣社区经济、建立和谐社区，为各类厂商提供各类经营活动场地及全方位的、规范化的现代物业管理服务，最后达到让物业服务公司、产权所有者和业主客户多赢的局面。一方面可以更全面地满足业主客户的租赁需求；另一方面也可以发挥物业本身资源优势，增加资源性场地租赁服务经营收入。经济效益和社会效益在这里得到充分表现。

3. 物业顾问

我国目前拥有不少具有国家一级、二级资质的物业服务企业，这些企业不仅有着丰富的专业人才队伍，不少标杆性物业服务公司还有着丰富的物业服务经验。这些物业服务企业可以利用自己独特的物业管理专业知识、成熟完善的各类规范制度、优秀一流的管理团队为其他刚刚成立的物业企业，或为业主客户提供各种物业管理专业的咨询服务；也可以为业主客户提供财产管理、财务风险管理、法律咨询等专业的增值服务。利用团队的智慧和专业知识提供物业顾问服务，可以为物业公司获取咨询性经营收入。

4. 专项业务

大型物业服务企业可利用自身的资源优势，如机电、绿化、保洁、保安等专业化机构，为业主客户和社会提供专业化的室内外保洁、物业公共区域或业主客户特别要求的保安服务、业主客户富有个性化要求的绿化设计服务、业主客户自有的特别的设备维护服务、业主客户室内装修服务、不属于物业本身职责的那些外墙清洗服务和房屋维修，以及一些额外的会务安排等专项业务服务。物业服务公司通过扩大自身资源的利用率来增加资源性经营收入也成为一种时代趋势，专项服务业务受到越来越多业主客户的青睐。

5. 商业广告

物业服务企业所服务的社区处处充满商业广告机会。大到建筑物的外墙、地下停车场，小到社区的电梯和社区指示牌，均可以成为商业广告的传播媒介。这些社区资源，只要物业服务企业与这些建筑空间载体的产权人或业主客户委员会协商同意，取得授权就可以为业主客户提供商业广告服务。能够提供商业广告的社区载体有电梯、房顶、大堂、地下停车场、建筑物外墙等，这些物业显眼区域可用来作商家张贴、悬挂广告宣传画和招牌，从而形成物业服务企业拓展业务项目获得商业广告服务收入，增加了物业服务企业的利润收入。

三、资源性经营的工作程序

车辆管理、场地租赁、物业顾问、专项业务、商业广告等资源性经营项目现在日益成为众多物业服务企业追求的一个重要利润目标。资源性经营项目经营的好坏直接影响物业公司利润增减，因此资源性经营项目在各类物业管理项目中都被普遍看好，这类经营业务在各物业公司都有广泛开展，特别是在那些市场化程度比较高的物业服务企业，在资源性经营项目上下足了功夫，也获得可观的回报。资源性经营的一般工作程序如下。

1. 成立经营机构，确定业务流程

车辆管理、场地租赁、物业顾问、专项业务、商业广告等资源性经营项目在社区的实施和推广，根据业务的数量和规模来确定相应的经营机构。如果数量和规模不大，可以在社区的物业项目管理处成立资源性经营部，全面负责社区各类资源性经营项目服务工作；如果业务数量和规模比较大，或者是物业企业有多个项目连锁经营，这时就由物业服务企业总部成立一个专门的经营部，然后在各个项目管理处成立若干个经营小组。经营业务可以实施自上而下的垂直管理模式。经营部确定资源性经营业务的整体工作业务流程和各个具体的资源性经营项目的操作规范。物业服务企业可以采取将总体目标分解的方式将资源性经营项目目标逐个落到实处。

2. 制定制度和配置人员

确定一套车辆管理、场地租赁、物业顾问、专项业务、商业广告等资源性经营项目整体经营的管理制度，包括各类资源性经营项目的岗位职责、操作规范、业务流程、员工提成、业务奖惩等相关经营制度。物业服务公司也可以建立分类的资产资源、客户资源、车辆管理、场地租赁、物业顾问、专项业务、商业广告等项目的管理制度和实施细则。这些制度和细则对资源性经营项目的经营能否取得成功提供了可靠的保证。

根据每个项目规模的大小和业务特点来设置和配置经营人员。如果项目规模比较大，就可以设置专职的经营人员在岗为业主客户提供资源性经营服务；如果社区资源性项目规模比较小，这些部门设置和人员安排可以由物业管理处其他物业管理岗位人员兼职并提供服务，这样的设计安排充分体现人员和社区资源得到了最合理、最优化的资源配置。

3. 客户业主服务需求调研

物业服务企业的资源性经营项目必须跟随市场的需求去开展，因此，获取客户业主需求的第一手资料显得非常重要，要把客户业主服务需求的调研工作放在第一位。

客户业主服务需求调研的业务流程可以从以下几个方面入手：第一，设计业务开展调查问卷，注明所要调查的客户服务需求项目；第二，制订调查工作计划，设计工作进度及工作目标；第三，统计分析各种经营业务调研结果，确定每项调研经营项目是否值得去开展和实施；第四，物业服务企业根据调研的最终结果去确定资源性项目的经营方案和人员的配置方案；第五，考虑客户业主的各类服务需求如何得到进一步的落实。

4. 制定资源性经营实施方案

根据物业服务企业前期周密而科学的调研结果，并经过一系列的统计分析得出结论后，对于一些有经济价值和社会价值的资源性经营项目，经过物业服务企业经营班子层面讨论后开始立项，最后制定方案付诸实施和运营。

资源性经营项目实施方案包含以下几个方面：第一，资源性经营项目的总体运营计划以及它们各自的运营分计划或运营子计划，总体目标和各分支目标互相呼应和相互支持；第二，根据这些总体计划和分支计划配备相应的各项目专业工作人员；第三，制定客户资产、客户资源、车辆管理、场地租赁、物业顾问、专项业务、商业广告等资源性经营项目的业务工作流程及相关的制度规范；第四，制定各资源性经营项目费用的预算管理、利润的分配制度、业务提成的奖励激励制度、资源性项目运营中的各类风险控制等内容。

5. 确定各种具体资源性经营项目的执行计划

制订车辆管理、场地租赁、物业顾问、专项业务、商业广告等具体经营执行计划是保证资源性经营项目顺利实施的工作基础。计划执行力的强弱决定了资源性项目经营的成败。具体的执行计划应该包括以下内容：资产增值计划，让客户资产保值增值；产品（服务）的供应方式；各经营项目服务专业人员的合理部署及科学安排；各种资源性经营项目的业务流程规范和执行细则；在资源性经营项目执行过程中的价格市场化的统一管理、各类业务管理费用如何开支、收入如何配置、合同如何管理等具体内容，这是资源性经营项目执行计划中的核心内容和关键要素。

6. 经营任务和工作分配

资源性经营项目执行计划目标明确后，根据总分原则，将任务进行目标分解。可以将总体资源性经营项目的任务分解到车辆管理、场地租赁、物业顾问、专项业务、商业广告各个子目标中去；也可以将任务指标直接分配到车辆管理、场地租赁、物业顾问、专项业务、商业广告等子计划中。

根据以上经营任务的分配原则，按照项目经营任务的经营模式来对人员进行合理安排和工作的合理部署。总体目标模式可以集约化、规模化经营，有效节约物业公司的社区资源和公司的人力资源，许多资源可以共享，在这种模式之下，各专业的工作人员可以互相交叉任职，有的可以兼任项目经营主管，其他岗位人员也可以兼任业务经理等。

7. 经营产品（服务）供应商的确认

确认经营产品（服务）供应商，是资源性经营项目取胜的关键所在。经营产品（服务）供应商选择不好，资源性经营项目几乎就是一句空话。确认好了各种资源性经营项目的产品（服务）供应商，资源性经营项目几乎就成功了一半。

经营产品（服务）既可以由物业公司自己其他部门提供，也可以是由其他企业提供，物业服务企业与之签订供应合同。供应合同的内容一般要包括如下事项：资源性项目产品（服务）的供应方式、相关资源性经营业务的对接程序及注意事项、相关产品（服务）质量保障的具体措施、产品（服务）价格变动规定和规范、产品（服务）责任负担方式的确立、违约责任的追究和约定等。

8. 经营项目的实施和监管

资源性经营项目经过多种讨论、验证和分析之后并得到具体推进和落实，这些经营项目的实施和监管成为检验资源性项目是否经济的重要一环。在进行各种具体资源性经营项目的试运营阶段，可能会出现许多异常情况，在实施过程中，项目经营者要掌握出现的各种问题和情况，并在不同阶段采取有效措施去进行完善和改进经营，分析市场需求状况，对经营项目的实施全过程始末和利润关键点进行重点监管，保证资源性经营项目实施的质量和运作的流畅。

9. 经营收支的管理

资源性经营项目最核心的问题就是经营收支的管理，这是保障利润实现的一个重要环节。如果经营收支管理得当，资源性经营项目可以为物业服务企业带来比较可观的经济效益；反之，资源性经营项目可能变成鸡肋，最后有可能成为企业健康发展的绊脚石。因此，在确定各个资源性经营项目的费用支出和经营收入时，要严格制定和规范好资源性经营的相关管理制度，并长期不懈地对各个资源性经营项目的实际财务收支进行经济分析，对物业服务型企业的资源性经营项目成果要有一个正确地判断，为今后研究资源性经营的项目是否扩大经营或暂停运营提供一个有参考价值的依据。

10. 经营项目的动态分析和管理

各个资源性经营项目情况是不断变化的，它随着整体行业形势和社区环境的改变呈现一个动态的变化过程，这个过程或许是短暂的，或许是长期存在的。正是在这种背景下，物业服务企业在从事资源性经营项目时，要时刻对资源性经营项目情况的各类历史数据进行登记，并根据不同时段的数据进行统计和进行科学合理的数据动态分析，发现在资源性经营项目经营过程中有可能出现的各种经营问题。物业服务企业不能回避这些问题，而是要正确对待，要制定切实可行的措施去及时解决在资源性经营项目存在的各种经营问题。持续提出资源性经营项目的改进计划方案和规范管理的各项措施，从而来保证物业服务企业在资源性经营项目领域取得可观的经济效益和社会效益。

第2节　车辆管理

一、车辆管理的内涵和意义

车辆管理特指物业公司开展的各种有偿车辆管理服务，一般包括车辆保管、汽车保养、洗车、代驾、代年审、代租车、代叫出租车、代办汽车保险、汽车团购等有关车辆的有偿服务业务。

随着居民生活水平的提高，购置汽车的数量日益增多，特别是大城市的大型社区。由于物业管理行业的特质，物业公司非常方便开展有关车辆管理的有偿服务业务。物业公司要充分利用自身、物业、业主、社会资源，开展相关的车辆管理服务，获取稳定丰厚的经济效益。

二、物业公司开展车辆管理服务的工作程序

1. 业务市场调查

物业公司对设备场地、业主需求、车辆保有量状况、市场竞争状况等各方面进行调研，初步确定开展哪些与车辆管理相关的服务业务。

2. 确定经营业务

根据调查报告、自身条件、合作洽谈情况等方面进行讨论分析，决策层决定开展哪些

具体的经营项目和业务。

3. 制定项目经营方案

确定具体的经营项目和业务后，编制具体的项目经营方案。要求有具体的业务流程、作业标准、行为规范、运行管理制度、成本测算、收益分析、风险管理等内容，确保项目能够正常有序进行。

4. 配置和培训经营人员

根据经营方案和具体项目要求，培训相应的经营人员。并根据岗位业务的技术要求对相应人员进行业务培训和制度培训。

5. 经营业务准备

根据具体项目的业务要求，在经营场地、设施设备、工作人员、经营资格、合作商洽谈、制度规范等方面进行相应的准备，保证项目业务可以正常运营。

6. 业务市场推广

为了取得理想的经营效果，一般都要进行经营项目的市场推广。可以采用网络、电话、宣传单、公告、促销、庆典等市场推广形式，形成良好的开业局面。

7. 项目正式运营

当项目正式运营后，就进入日常运营阶段，要根据运营效果进行业务改进、服务产品拓展、规模控制、成本监管、运营监管、售后服务等各方面进行动态管理，提高项目运营收益的同时加强项目的持续经营能力。

8. 项目业务改进

根据市场变化和业主需求变化情况，公司不断调整项目经营的内容、质量、方式，持续改进业务质量，确保项目的市场竞争力和盈利能力。

三、典型经营项目的经营分析

1. 车辆保管

车辆保管就是物业公司与车主签订停车保管协议，为车主提供停车保管服务的同时按规定收取一定服务费的经营活动。物业公司提供车辆保管后，要维护停车场内车辆停放的秩序和行驶秩序，防止车辆毁损、灭失；车辆交付停车场停放保管后，停车场经营者在保管期内因保管不善造成停放车辆毁损或者灭失的，应当依法承担相应的责任。物业项目内通常有室内停车场和室外停车场。其中室内停车包括有经营资质的地下停车场和国家规定的人防建筑及业主购买的车位；室外停车场主要是露天场地或道路两旁场地。人防建筑是指以人民防空工程为必要附属工程的建筑工程统称，多以地下车库为主要体现形式。

目前物业项目内的车辆保管业务越来越大，甚至很多物业项目的车辆保管费成为物业公司的利润主要来源。大城市很多大型社区有几百到上千辆车，每部车每个月的保管费一百元到一千元，社区每个月的车辆保管费几十万元到几百万元，车辆保管费在很多物业公司是公司的主要经营收入。室内停车场的经营权，物业公司可以和开发商协商取得；人防建筑、露天场地和道路场地一般需要和业主沟通协商一致后方可进行停车业务。由于很多物业项目室内停车位严重不足，室外停车虽然在某种程度上的合法性还不够，但提供停车业务也是无奈之举。就广州市来说，车位缺口就在 80 万个左右，物业项目内室外停车和占路停车将在很长一段时间内存在。至于物业公司怎样获取车辆保管收益，可以采用多种灵活的经营管理手段来实现。

2. 汽车美容

汽车美容是指针对汽车各部位不同材质所需的保养条件采用不同性质的汽车美容护理用品及施工工艺，对汽车进行全新的保养护理。“汽车美容”主要包括车表美容（汽车清洗、除去油性污渍、新车开蜡、旧车开蜡、镀件翻新和轮胎翻新）、车饰美容（发动机美容护理和行李箱清洁、座套坐垫清洗、仪表盘清洗护理）、漆面美容（漆面失光处理、漆面划痕处理和喷漆）、汽车防护（粘贴防爆太阳膜、安装防盗器、安装语音报警系统和安装静电放电器）和汽车精品（汽车香水、车室净化、装饰贴和各种垫套）5 个方面。

随着社会进步及人类文明程度的不断提高，汽车正以大众化消费品的姿态进入百姓生活，而汽车的款式、性能以及汽车的整洁程度，无一不体现出车主的性格、修养、生活观及喜好。不难看出，汽车美容业在我国有着巨大的市场发展空间。

物业公司开展社区汽车美容服务具有更大的经营优势，一方面将服务送到家门口，方便了业主的汽车美容需求；另一方面，物业公司与业主朝夕相处，有良好的信任度和互动关系，更容易取得车主的信任。如果经营洗车店等低端的汽车美容业务，物业公司可以选择独立经营；如果选择包括汽车保养在内的高端汽车美容服务，因为对技术要求较高，物业公司最好加盟专业汽车美容机构，或者与其合作经营。

3. 汽车团购

团购就是团体购物，指认识或不认识的消费者联合起来，加大与商家的谈判能力，以求得最优价格的一种购物方式。根据薄利多销的原理，商家可以给出低于零售价格的团购折扣和单独购买得不到的优质服务。团购作为一种新兴的电子商务模式，通过消费者自行组团、专业团购网站、商家组织团购等形式，提升用户与商家的议价能力，并极大程度地获得商家让利，引起消费者及业内厂商、甚至是资本市场关注。汽车团购，就是物业公司组织潜在的购车业主，形成一定的购车群体，由物业公司代表这个群体与汽车销售商进行谈判，获得一定的优惠折扣，物业公司和业主分享折扣的行为。

汽车团购能够带来的好处有：一是参加团购能够有效降低消费者的交易成本，在保证质量和服务的前提下，获得合理的低价格。团购实质相当于批发，团购价格相当于产品的批发价格。通过团购，可以将被动的分散购买变成主动的大宗购买，所以购买同样质量的产品，能够享受更低的价格和更优质的服务。二是能够彻底转变传统消费行为中，因市场不透明和信息不对称，而导致的消费者弱势地位。通过参加团购更多地了解产品的规格、性能、合理价格区间，并参考团购组织者和其他购买者对产品客观公正的评价，在购买和服务过程中占据主动地位，真正买到质量好、服务好、价格合理、称心如意的产品，达到省时、省心、省力、省钱的目的。大型物业项目或物业公司因为拥有大量的潜在购车业主，而汽车又是价格非常高的消费品，物业公司组织汽车团购，可以获取巨大的折扣收益。

4. 汽车代办业务

汽车代办业务，就是物业公司代理车主办理各种有关汽车的业务。一般代办的业务包括代办汽车年审、代办汽车保险、代缴汽车有关费用、汽车代驾、代叫出租车、代租车等业务。

物业项目特别是大型社区内，拥有规模庞大的汽车保有量，汽车年审、汽车保险、汽车费用缴纳（车船税、年票等）是几乎每年都要进行，而且涉及汽车、证件等重要资料，代替办理需要有很好的信任度，物业公司因为与车主有良好的信任度和服务关系，非常适合代办这类业务，从而获取一定的代理服务费；随着生活节奏的加快和酒驾查处力度的加大，汽车代驾、代租车、代叫出租车业务也在不断增加，因为物业公司熟悉业主的住址地点同时有频繁接触的机会，非常适合代办这类业务来获取适当的服务费。物业公司要提供这类服务，就要建立科学的运营机制、培养合格的驾驶员、与相关机构签订合作协议，从而确保业务的正常运营。

附：

某停车场车辆保管合同

甲方（车主）：　　　　住址：　　　　邮编：　　　　联系电话：

乙方（保管方）：　　　住址：　　　　邮编：　　　　联系电话：

本车辆保管协议由上列各方于××年×月×日在××市定立。经甲乙双方协商一致，达成车辆保管协议，协议如下。

第一条　甲方将其所有的汽车交由乙方保管。保管时间为××××年××月××日至××月××日。

第二条　甲方所有的汽车品牌是××，型号为×，车辆号为××，汽车购买时间为×年×月×日，汽车行走里程（订协议日）为××公里。

第三条　甲方应将其停放在停车场的车辆上好保险锁（杆）。

第四条　乙方承担对甲方车辆的保管义务。

第五条　甲方支付的车辆保管费为每年人民币××元，车辆保管费每季度初××天内交一次，协议签订后交第一季度。

第六条　甲方如在应交保管费××天内未交清车辆保管费，协议终止，乙方不承担保管责任。

第七条　乙方应对甲方的车辆进行如下保管：

1. ____

2. ____

第八条　乙方对甲方的车辆的被偷和被损坏承担赔偿义务。

第九条　如遇甲方的车辆出现被偷和被损坏的情况，甲方应在×天之内将其购车和上牌、年审等法律文件交由乙方，用于报案、赔偿、索赔、诉讼用，纠纷解决后××天内将上述证件归还给甲方。

第四章

第十条 乙方应为甲方的停车位购买车位保险。

第十一条 甲方应保证其车辆为合法途径购买的车辆，否则，乙方不承担损失赔偿责任。

第十二条 陈述和保证

12.1 甲方的陈述和保证

甲方向乙方陈述和保证如下：

(1) 其有权进行本协议规定的行为，并已采取所有必要的行为授权签订和履行本协议。

(2) 本协议自签定之日起对其构成有约束力的义务。

12.2 乙方的陈述和保证

乙方向甲方陈述和保证如下：

(1) 乙方是一家依法设立并有效存续的停车场。

(2) 其有权进行本协议规定的行为，并已采取所有必要的行为授权签订和履行本协议。

(3) 本协议自签定之日起对其构成有约束力的义务。

第十三条 违约责任

13.1 甲方的责任

(1) 如果甲方未按本协议支付保管费，则乙方可不负保管义务。甲方应按乙方已保管天数支付保管费。

(2) 如果甲方违反其在本协议中所作的陈述、保证或其他义务，而使乙方遭受损失，则乙方有权要求甲方予以赔偿。

13.2 乙方的责任

(1) 如果乙方违反本协议未履行好保管义务，则应退还保管费给甲方，如甲方因乙方行为有损失，乙方应予赔偿。

(2) 如果乙方违反其在本协议中所作的陈述、保证或其他义务，而使甲方遭受损失，则甲方有权要求乙方予以赔偿。

第十四条 保密

一方对因本车辆保管协议而获知的另一方的商业机密负有保密义务，不得向有关其他第三方泄露，但中国现行法律、法规另有规定的或经另一方书面同意的除外。

第十五条 补充与变更

本协议可根据各方意见进行书面修改或补充，由此形成的补充协议，与协议具有相同法律效力。

第十六条 协议附件

16.1 本协议附件包括但不限于：

(1) 各方签署的与履行本协议有关的修改、补充、变更协议。

(2) 各方的营业执照复印件及相关的各种法律文件。

16.2 任何一方违反本协议附件的有关规定，应按照本协议的违约责任条款承担法律责任。

第十七条 不可抗力

任何一方因有不可抗力致使全部或部分不能履行本协议或迟延履行本协议，应自不可抗力事件发生之日起三日内，将事件情况以书面形式通知另一方，并自事件发生之日起三十日内，向另一方提交导致其全部或部分不能履行或迟延履行的证明。

第十八条 争议的解决

本协议适用中华人民共和国有关法律，受中华人民共和国法律管辖。

本协议各方当事人对本协议有关条款的解释或履行发生争议时，应通过友好协商的方式予以解决。如果经协商未达成书面协议，则任何一方当事人均有权向停车场所在地的人民法院提起诉讼。

第十九条 权利的保留

任何一方没有行使其权利或没有就对方的违约行为采取任何行动，不应被视为对权利的放弃或对追究违约责任的放弃。任何一方放弃针对对方的任何权利或放弃追究对方的任何责任，不应视为放弃对对方任何其他权利或任何其他责任的追究。所有放弃应书面做出。

第二十条 后继立法

除法律本身有明确规定外，后继立法（本协议生效后的立法）或法律变更对本协议不应构成影响。各方应根据后继立法或法律变更，经协商一致对本协议进行修改或补充，但应采取书面形式。

第二十一条 通知

21.1 本协议要求或允许的通知或通信，不论以何种方式传递均自被通知一方实际收到时生效。

21.2 前款中的“实际收到”是指通知或通信内容到达被通信人（在本协议中列明的住所）的法定地址或住所或指定的通信地址范围。

21.3 一方变更通知或通信地址，应自变更之日起三日内，将变更后的通信地址通知另一方，否则变更方应对此造成的一切后果承担法律责任。

第二十二条 协议的解释

本协议各条款的标题仅为方便而设，不影响标题所属条款的意思。

第二十三条 生效条件

本协议自双方的法定代表人或其授权代理人在本协议上签字并加盖公章之日起生效。各方应在协议正本上加盖骑缝章。

本协议____式____份，具有相同法律效力。各方当事人各执____份，其他用于履行相关法律手续。

第3节 场地租赁

一、场地租赁的内涵

场地租赁就是物业公司将商铺、会议场地、公共场地、配套场地租赁给商家进行相关经营管理活动，物业公司获取场地租赁费的经营行为。一般商铺和会议场地，物业公司可以与开发商协商获取其经营管理权；公共场地和配套场地一般要取得业委会或业主大会的许可后方可进行场地租赁服务活动。

商铺租赁方面，物业公司可利用自身早期计入的机会，代理开发商进行商铺租赁以获取一定代理费，或者从开发商手上租下商铺然后向商家转租获得租赁差价；会议场地一般是在商业物业，物业公司获得经营管理权后租赁给商业公司开展会议活动；配套场地一般包括运动场馆、文化设施等，可租赁给商家开展商业经营；公共场地指物业项目的公共部分的场地，一般租赁给进行小区推广的商家开展商业活动。

二、物业公司开展场地租赁服务的工作程序

1. 取得场地租赁许可

物业项目中的商铺、会议场地、公共场地、配套场地等可租赁场地，需通过开发商、业委会、业主的同意，无偿或有偿的方式取得场地租赁权。

2. 设置场地租赁经营机构

取得场地租赁权后，成立专门的场地租赁经营机构，配置相应的经营人员，按照场地性质有序开展场地租赁服务业务。

3. 建立场地租赁管理体系

根据场地租赁的具体业务性质，建立相应的场地租赁管理体系。一般包括业务流程、作业标准、合同规范、激励机制、运行机制、约束机制、经营方案、收益分配、成本控制等内容。

4. 场地租赁招租推广

确定场地租赁方案后，相关经营人员进行相应场地租赁项目的招租推广活动，与租赁方进行租赁价格、租赁方式、租赁管理等方面协商、谈判，尽量招揽有实力有品牌的商家，尽量租赁给对业主干扰小服务好的经营项目。

5. 签订场地租赁合同

双方协商一致后，签订场地租赁合同，对接、配合承租方进行相关经营活动的组织、协调和实施。

6. 对租赁场地进行管理

承租方进入租赁场地开展经营活动后，对其经营行为进行监管，并督促承租方按照场地租赁合同开展经营业务，并督查其依法依规开展经营活动，同时对业主的投诉进行协调和处理。

7. 场地租赁收益分配

场地租赁服务实施后，进行收益核算，按照约定与开发商、业主、经营人员分配场地租赁收益，保持场地租赁服务的持续经营。

三、典型经营项目的经营分析

1. 商铺租赁

商铺租赁特指物业公司从开发商或商铺业主手中确定商铺租赁代理权进行招租服务，或者物业公司取得商铺经营权进行商铺转租服务的行为。

由于物业公司有前期接触和服务于开发商、业主的优势，物业公司很容易通过沟通协商获得物业项目商铺的租赁代理权，利用自己的客户资源和市场推广资源招揽商家，可获得可观的租赁代理费；另外物业项目初期往往商业氛围不浓，客户消费量小，商铺经营收益小，物业公司可以低价从开发商或业主手中承租下商铺，通过市场推广和业主入住规模的扩大，逐步形成良好的商业市场，物业公司再把承租的商铺转租给入场商家，可获得可观的租赁差价，形成可观的经营收益。

2. 配套场地租赁

配套场地租赁特指小区会所、运动场馆、文教卫生设施、商业网点设施等配套设施及场地出租给商家经营的行为。由于这些设施具有公益性和配套性的特点，且其性质决定了需要经过业主的同意才可以租赁给商家，其租赁收益也需要有合理的分配约定。

由于开发商促销的需要和国家配套建设的要求，物业项目内往往有不少配套设施及场地，而这些设施及场地往往又托管给物业公司来运作和管理。而很多物业管理由于缺乏专业人才和经营经验，普遍存在入不敷出的现象，服务质量低下或者关闭运营往往又不能满足业主的生活需求。为了改变这种现状，物业公司可以与业委会和业主协商，将这些场地租赁给社会专业机构来经营，物业公司和业主获取租赁收益，社会机构通过专业服务获取经营收益，业主获取丰富多彩、品质高的服务需求，形成物业公司、社会机构和业主共赢的局面。

3. 公共场地租赁

公共场地租赁特指物业公司将物业项目的公共场地临时租赁给进行小区推广的商家开展商业活动的行为。在不干扰业主生活和得到其同意的前提下，物业公司租赁公共场地给商家，物业公司和业主可获取经常性的场地租赁费，进场商家可获取可观的经营收益，业主可得到各方面消费需求的满足，往往是非常有意义的经营行为。

公共场地租赁的对象往往是各类大量进行小区推广的商家，这种业务随着现代生活方式的转变会越来越频繁。社区是消费的终端市场，越来越多的商家重视小区推广，公共场地也就成为了他们的经营舞台。家居用品、生活用品、装饰装修建材、学习用品、食品、玩具、家电、服装、家具、饮食等各类经营者将源源不断地涌入物业项目进行市场推广，物业公司也可以有针对性地定期组织各种商品展销会，最大限度利用公共场地资源和业主消费资源，在满足业主消费需求、商家销售需要的同时，为公司和业主赢取最大限度的公共场地租赁收益。

附：

某场地租赁协议

出租人（甲方）：

承租人（乙方）：

根据《中华人民共和国合同法》等有关法律、法规的规定，双方就租赁场地从事经营的事宜协商达成协议如下：

第一条　乙方承租甲方__________（层/厅）__________号场地，面积______平方米，用途以营业执照核准的经营范围为准；库房______平方米，库房位置为__________。

第二条　租赁期限自______年____月____日起至______年____月____日止，共计______年____个月；其中免租期自______年____月____日起至______年____月____日。

第三条　本合同租金实行（一年/半年/季/月）支付制，租金标准为__________；租金支付方式为（现金/支票/汇票/______）；第一次租金的支付时间为______年____月____日；第二次租金的支付时间为______年____月____日至______年____月____日。

第四条　保证金属于双方约定事项。

自本合同签订之日起______日内，乙方（是/否）应支付本合同约定租金总额______%计______元的保证金，作为履行合同和提供商品服务质量的担保。乙方支付保证金的，甲方则以市场当年租金总额的2%～5%作为市场整体性的对应保证金，作为履行合同的担保。保证金的交付、保管、支取、返还等事宜见合同附件。

第五条　保险

甲方负责投保的范围为：公共责任险、火灾险、______。

乙方自行投保的范围为：______。

第六条　甲方权利义务

1. 依法制定有关治安、消防、卫生、用水电、营业时间等内容的各项规章制度并负责监督实施。

2. 协助各级行政管理机关对违反有关规定的乙方进行监督、教育、整顿，直至单方解除合同。

3. 应按约定为乙方提供场地及配套设施和经营条件，保障乙方正常经营。

4. 除有明确约定外，不得干涉乙方正常的经营活动。

5. 应对市场进行商业管理，维护并改善市场的整体形象，包括：对商品品种的规划和控制、功能区域的划分、商品档次的定位、商品经营的管理及质量管理，服务质量管理，营销管理，形象设计，市场调研，公共关系协调，纠纷调解，人员培训，________。

6. 应对市场进行物业管理，并负责市场内的安全防范和经营设施的建设及维护，包括：建筑物（包括公共区域及租赁场地）的管理及维修保养，对乙方装修的审查和监督，水、电、气、空调、电梯、扶梯等设备、管道、线路、设施及系统的管理、维修及保养，清洁管理，保安管理并负责市场的公共安全，消防管理，内外各种通道、道路、停车场的管理，________________。

7. 做好市场的整体广告宣传，并保证全年广告宣传费用不低于市场全年租金总额的____%。

第七条 乙方权利义务

1. 有权监督甲方履行合同约定的各项义务。

2. 应具备合法的经营资格，并按照工商行政管理部门核准的经营范围亮证照经营。

3. 应按照约定的用途开展经营活动，自觉遵守甲方依法制定的各项规章制度及索票索证制度，服从甲方的监督管理。

4. 应按期支付租金并承担因经营产生的各项税费。

5. 应爱护并合理使用市场内的各项设施，如需改动应先征得甲方同意，造成损坏的还应承担修复或赔偿责任。

6. 应按照各级行政管理部门的规定，本着公平合理、诚实信用的原则合法经营，不得损害国家利益及其他经营者和消费者的合法权益，并承担因违法经营造成的一切后果。

7. 将场地转让给第三人或和其他租户交换场地的，应先征得甲方的书面同意，按规定办理相关手续，并不得出租、转让、转借、出卖营业执照。

8. 应按照甲方的要求提供有关本人或本企业的备案资料。

9. 建筑物外立面及建筑物内部非乙方承租场地范围内的广告发布权归甲方所有，未经甲方同意，乙方不得以任何形式进行广告宣传。

第八条 合同的解除。乙方有下列情形之一的，甲方有权解除合同，乙方应按照____的标准支付违约金。

1. 不具有合法经营资格的，包括因违法经营被有关行政管理部门吊销、收回经营证照的。

2. 未按照约定的用途使用场地，经甲方____次书面通知未改正的。

3. 利用场地加工、销售假冒伪劣商品的。

4. 进行其他违法活动累计达____次或被新闻媒体曝光造成恶劣影响的。

5. 将场地擅自转租、转让、转借给第三人，或和其他租户交换场地的。

6. 逾期____日未支付租金的。

7. 违反保证金协议的有关约定的。

8. 未经甲方同意连续________日未开展经营活动的。

9. 违反甲方依法制定的规章制度情节严重或拒不服从甲方管理的。

甲方或乙方因自身原因需提前解除合同的，应提前________日书面通知对方，经协商一致后办理解除租赁手续，按照________________________________的标准向对方支付违约金，其他手续由乙方自行办理。因甲方自身原因提前解除合同的，除按约定支付违约金外，还应减收相应的租金，并退还保证金及利息。

第九条　其他违约责任

1. 甲方未按约定提供场地或用水、用电等市场内的经营设施致使乙方不能正常经营的，应减收相应租金，乙方有权要求甲方继续履行或解除合同，并要求甲方赔偿相应的损失。

2. 甲方未按约定投保致使乙方相应的损失无法得到赔偿的，甲方应承担赔偿责任。

3. 乙方未按照约定支付租金的，应每日向甲方支付迟延租金____%的违约金。

第十条　免责条款。因不可抗力或其他不可归责于双方的原因，使场地不适于使用或租用时，甲方应减收相应的租金。

如果场地无法复原的，本合同自动解除，应退还保证金及利息，双方互不承担违约责任。

第十一条　续租本合同。续租适用以下第________种方式：

1. 乙方有意在租赁期满后续租的，应提前________日书面通知甲方，甲方应在租赁期满前对是否同意续租进行书面答复。甲方同意续租的，双方应重新签订租赁合同。

租赁期满前甲方未做出书面答复的，视为甲方同意续租，租期为不定期，租金标准同本合同。

2. 租赁期满乙方如无违约行为的，则享有在同等条件下对场地的优先租赁权，如乙方无意续租的，应在租赁期满前________日内书面通知甲方；乙方有违约行为的，是否续租由甲方决定。

第十二条　租赁场地的交还。租赁期满未能续约或因合同解除等原因提前终止的，乙方应于租赁期满或合同终止后________日内将租赁的场地及甲方提供的配套设施以良好、适租的状态交还甲方。乙方未按照约定交还的，甲方有权采取必要措施予以收回，由此造成的损失由乙方承担。

第十三条　争议解决方式。本合同项下发生的争议，由双方协商解决或申请有关部门调解解决，协商或调解解决不成的，按下列第________种方式解决（只能选择一种）：

1. 提交××市仲裁委员会仲裁。

2. 依法向________________人民法院起诉。

第十四条　其他约定事项

场地在租赁期限内所有权发生变动的，不影响本合同的效力。

第十五条　本合同自双方签字盖章之日起生效。本合同一式________份，甲方________份，乙方________份，________。

第十六条 双方对合同内容的变更或补充应采用书面形式，并由双方签字盖章作为合同附件，附件与本合同具有同等的法律效力。

第十七条 甲方单方制定的规章制度也作为本合同的附件，规章制度的内容与合同约定相冲突的，以本合同为准，但国家法律、政策另有规定的除外。

第4节 物业顾问

一、物业顾问的内涵和意义

物业顾问是指优秀的物业服务企业向房地产开发商、其他物业服务公司或企事业机关单位提供物业管理及相关服务的咨询、指导、培训和技术支持等。它包括“项目的前期规划设计、施工、安装阶段的介入；提升品牌销售配合；物业服务公司或服务机构筹建（或现有物业服务公司规范提高）；管理方案策划、机构设置；人员招聘培训；建章立制、入住指导；ISO 9000质量体系的导入；人员系统培训、实习指导；创优迎检、输入企业文化、实现规范管理服务等。在实际的顾问服务工作中，客户的顾问需求是多样化的，顾问服务可以是全过程的，也可以是某一阶段的，甚至是某一单项服务，如从筹建物业服务公司开始到实现正常的管理服务或单纯的人员培训、指导等。随着物业公司全委托项目的稳固发展，为了提高利润空间，许多公司都在着力寻求物业顾问服务的合作。物业管理顾问服务工作要求从业人员不仅具备较全面的专业知识和良好的沟通能力，还要对物业管理顾问服务工作的主要内容有充分的了解。

物业公司通过提供物业顾问服务，可以建立一支高水平的培训团队，同时可以获取可观的顾问服务收益。优秀的品牌物业公司应该大力开展物业顾问服务，在输出技术的同时，提高自身团队素质和物业服务质量，创建物业服务品牌，逐步建立企业的品牌价值和物业顾问服务经营方向。

二、物业公司开展物业顾问服务的工作程序

由于物业公司的技术条件不一样，能够提供物业顾问服务的内容也有所区别，但大致都是以下的工作程序。

1. 组建物业顾问团队

根据公司的物业管理经验和专业技术力量，组建一支物业顾问服务团队，必要时可聘请公司外部专家参与本团队。

2. 物业顾问项目设计

顾问服务团队根据成员的管理经验和技术专长以及市场需求情况，设计一套物业顾问服务项目体系，并设计好每个顾问项目的顾问内容、服务标准、服务价格、顾问服务合同、

人员安排等。

3. 物业顾问项目的准备

根据具体的顾问项目，进行相应技术人员、服务资料表格、服务设备工具等方面的准备，必要时进行演练和团队内训。

4. 物业顾问的市场推广

对公司的物业顾问服务项目进行市场推广，可通过媒体、客户、电话、熟人推荐等方式进行业务推广。

5. 物业顾问业务的实施

与业务委托方进行顾问项目谈判，实地考察和业务协调，签订物业顾问服务合同，按照合同实施物业顾问服务内容。

6. 物业顾问的效果评估和服务改进

对物业顾问效果进行评估，持续改进服务质量，争取委托方的认可，形成物业顾问服务品牌效益。

7. 拓展新的物业顾问服务项目

根据市场需求变化、自身团队建设变化、委托方委托顾问内容的需求变化，不断拓展新的物业顾问服务项目，获取最大的顾问服务价值。

三、典型经营项目的经营分析

物业顾问服务内容包括：指导并协助培养一支高效、专业的管理服务队伍；指导并协助建立一套科学、严谨的内部运作机制；指导并协助建立一套优质、规范的管理服务体系并有效运行；指导并协助建立一套持续改进的 ISO 9001 质量管理规范；在条件成熟的前提下，协助创建优秀小区的荣誉；指导开展社区文化活动，协助创建安全、文明、和谐、优美的社区氛围。物业公司提供物业顾问服务一般有以下几种经营模式。

1. 菜单式顾问服务

物业公司提供菜单式顾问服务内容，委托方可根据自身需求选择一个或几个菜单内容，并给付相应的顾问服务费。一般的顾问服务菜单如下：

（1）介入期顾问服务

1）对物业的规划设计方案提供设计优化策划。

2）对物业开发的工程管理、设备选型、智能化集成配备提供物业管理建议。

3）参与物业销售的策划、推广。

4）协助物业验收的各项准备、交接工作和档案的建立。

5）指导、协助物业入伙的策划和无重大差错的实施。

6）指导、策划项目 VI 系统的设计、配备。

7）协助优化会所配套设施及服务项目。

（2）创建期顾问服务

1）指导、协助设立物业管理组织机构。

2）协助制定物业管理方案并指导实施。

3）协助制定各种管理制度及服务文本。

4）协助策划五大类常规服务，指导运行。

5）指导人力资源开发并协助培训。

6）指导应用物业管理软件，构建高效率的管理平台。

7）协助制定经营核算方案、指导管理成本控制程序。

（3）创新期顾问服务

1）指导、协助完善质量目标管理体系。

2）指导规范业务程序，协助导入 ISO 9001 质量管理保证体系。

3）协助完善环境管理的升级、改造。

4）指导成立业主委员会，理顺服务与管理的关系。

5）指导参加物业管理达标和考评。

6）协助建立 CIS 系统，指导企业文化平台的搭建。

（4）专项顾问模式服务

1）指导并协助收益性物业的综合经营策划、项目实施。

2）指导、协助建立物业管理培训的规范体系。

3）物业管理企业经营财务管理的全程咨询、指导。

4）指导、协助建立物业管理网络化办公、智能化小区集成体系的策划。

2. 全程物业管理顾问服务

物业管理顾问内容具有全方位的性质，其工作涵盖物业管理的所有领域，主要包括：

（1）派员长期驻守委托方工作

公司委派具有丰富管理经验和工作技能的物业管理顾问以双方约定的方式驻守委托方，出任委托方的顾问，全面参与委托方所管物业的各项管理服务工作。

（2）引进本公司的物业管理制度

全面引进本公司的管理理念和各项物业管理制度，包括网络系统和物业管理计算机应用软件等。

（3）实行前期介入的管理制度

视委托方所接管物业的具体情况，于建筑建设期间实行前期介入，对工程设计、功能规划等从物业管理角度提出建设性指导意见。

（4）协助开展物业接管、验收和入住工作

协助委托方与开发商做好接管验收管理工作，分清双方的权利、义务、责任和费用关系，签订委托管理合同。

（5）协助公司行政架构整组

协助委托方进行行政架构的整改，合理安排各类管理人员的编制，削减冗员，达到精简高效之目的。

（6）推行人员培训和形象设计计划

协助招聘各类专业管理人员，制订各级物业管理顾问培训计划，实施各类物业管理顾问的专业培训，对物业管理顾问的工作实绩实行多方面考核。

（7）推行专业管理质量标准

协助委托方建立 ISO 9002 物业管理质量体系，并进行实际的运作指导。

（8）编制小区公约及住户手册

根据国家和政府的有关法律法规，协助制定公共契约、业主手册及其他各种管理手册。

（9）编订业委会组织章程

根据法律法规要求，协助制定《业主管理委员会章程》，协助组建业主管理委员会，加强与各业主的联系。

（10）提出加强工作效率的方案

以提高工作效率为目的，协助委托方制定各项规章制度和各类物业管理工作守则，明确各岗位的责职，制定各项工作方案。

（11）协助监管公共设施运作状况

协助检查物业各类公共设施（如电梯、水、电、气、空调、消防和防盗设施等）的运作情况，确保其处于稳定良好的状态。

（12）进行财务收支测算

协助委托方制定各管理小区的经济测算方案，并报物价管理部门核实有关物业管理费用和其他各种收费标准，按月准时做出详细财务收支报告。

（13）实行物业基础管理运作指导

协助委托方对各小区的物业管理、服务、维修保养的操作程序和规范化等进行检查和测评，对管委会、物业和业委会之间的关系进行协调。

（14）指导各类物业资金的筹集与使用

协助委托方做好保安保洁、管理服务等各项费用的筹集和使用，公用水电费的收缴与使用，修缮基金的保管与使用，以及其他各种费用的收缴与使用。

（15）研究促进物业的销售方法

协助委托方推行有效的市场策划，研究其拥有之物业的租售方案，提高其物业的使用率和租售率，达到其物业保值增值的目的。

（16）举办社区文化康乐活动

协助管理处筹办社区内各项节日装饰、喜庆活动，创建小区物业的特色和形象，提高业主对物业的归属感及业主与物业管理处间的亲和力。

（17）拓展“一条龙”式的全方位服务

协助委托方开展“一条龙”式的服务模式，以开办小型超市、洗衣房、托儿所、快餐中心、代理租售等形式实行物业管理小区内的多种经营。

第5节　专项业务

一、专项业务的内涵

专项业务就是物业公司根据自己业务部门的设备和人力资源状况，成立专业的业务团队，承接业务委托服务的行为。由于不同物业公司在不同的物业服务业务领域有较强的业务作业能力和经营优势，可以根据自身公司特点构建专项业务服务项目。物业公司可利用自身的资源优势，为业主客户和社会提供专业保洁、保安、绿化设计、设备维护、室内装修、外墙清洗、房屋维修、会务安排等专项委托业务，通过扩大自身资源的利用率来增加经营收入。

目前许多物业公司、行政事业单位将保洁、保安、绿化、设备管理等物业管理业务进行社会委托，很多家庭和工商企业也将自身的专项事务进行社会委托服务，而且这种趋势越来越明显。有相应业务能力的公司可充分利用自身的技术资源和人力资源，承接相应的业务委托，创造良好的经营效益。

二、物业公司开展专项业务服务的工作程序

1. 分析自身资源，构建业务团队

物业公司分析自身的业务部门和人员的专业技术力量、人力资源状况及市场需求情况，建立相应的专项业务团队，并确定相关专项业务服务的项目类型和收费标准。

2. 制定相应业务的运行机制和管理制度体系

根据确立的专项业务项目，制定相应的运行机制和管理制度，包括业务流程、作业标准、行为规范、收益分配、财务监管、运营机制、激励机制和约束机制等内容。

3. 专项业务服务的市场推广

确定专项服务项目和建立团队及建立机制后，进行专业服务业务的市场推广，可以采用媒体广告、客户介绍、电话推销、派送宣传单等营销渠道来进行业务推广，最大限度获取专项业务委托。

4. 专项业务的洽谈和合同管理

接触潜在专项业务客户后，进行业务的沟通和洽谈，及合作相关事宜的谈判和处理，达成合作协议后，签订服务合同。

5. 专项业务服务项目的实施和监管

接受专项业务服务委托后，安排相应人员组织实施业务，按照合同约定内容进行项目的服务，并对专项业务服务过程进行监督和管理。

6. 专项业务服务收益的收支管理

对项目和业务实施过程中的成本进行监督管理，对项目收益按照公司规定进行相应的分配，保证公司收益的同时，给予相应部门和人员激励，提高业务部门和工作人员的业务经营管理的积极性。

7. 新业务的开发和持续经营

根据客户市场需求和公司相应资源的变化，不断开拓新的专项业务项目，充分利用公司资源，不断提高项目经营的经济效益。

三、典型经营项目的经营分析

1. 保洁服务

在现代社会里，保洁服务已经越来越被大家接受和需要，并已经进入了千家万户的生活中，是人们提升现代生活质量的一个里程碑，它使人们的居住环境的质量不断提高。保洁服务是指通过专业保洁人员使用清洁设备、工具和药剂，对居室内地面、墙面、顶棚、阳台、厨房、卫生间等部位进行清扫保洁；对门窗、玻璃、灶具、洁具、家具等进行针对性的处理，以达到环境清洁、杀菌防腐、物品保养的目的。在保洁服务的品质上，随着专业化水平的提高和市场竞争的加剧，各种保洁服务有了现代化的清洁设备，有了经过专业培训的保洁员，用规范的服务和得体的行为举止得到了人们的认可，已成为现代化大都市生活中不可缺少的一员。

物业公司提供专项保洁服务，就是充分利用自己的保洁队伍和业务经验及制度体系，为企业、物业项目、家庭提供单位保洁、小区保洁、家庭保洁等约定内容的保洁服务业务，同时收取相应的服务费用。

2. 保安服务

保安服务就是指物业公司专门为客户提供安全管理服务的行为。公司应客户要求，与客户签订合同，提供有偿安全服务。其业务范围主要有：提供门卫、守护、内部巡逻，为展览、展销、营业性文体活动提供安全服务，为客户押送现金、贵重物资和危险物品，为个人住宅提供安全服务，承担安全技术防范设备的设计、安装、维修和咨询，经销或提供各种安全技术防范设备和器材，应客户要求并有能力承担的其他安全服务项目。

物业公司提供专项保安服务，就是充分利用自己的保安队伍和业务经验及制度体系，为企业、物业项目、家庭提供约定的保安服务业务，同时收取相应的服务费用。

3. 绿化服务

绿化服务是指物业公司为物业项目、家庭提供绿化设计、施工、养护的专项服务。包括小区绿化设计与施工及养护（主要素材有假山水系，花架，古亭，走廊，草坪，古树，果树苗木，木地板，栅栏等）；屋顶花园设计与施工（造园层由温隔热层、过滤层、土壤层、植物层组成。景观素材主要有小型亭、花架等园林建筑小品，并点缀以山石；浅根性的小乔木，与灌木、花卉、地被、草坪、藤本植物等搭配）；高档小区绿化花园设计与施工及养护（休闲凉亭、新中式庭院、北美风格庭院、花架、凉亭、假山水池等）、小区绿化、别墅绿化、庭院景观设计、庭院施工、小区花园设计、小区水景设计、屋顶花园设计、景观设计及施工；假山水景设计、庭院效果、庭院小品、景观小品、绿化苗木、假树、水幕墙、水幕帘、假山、喷泉、凉亭、花架。

主要服务项目包括绿化设计、绿化施工、绿化养护三种业务类型。物业公司提供专项绿化服务，就是充分利用自己的绿化队伍、技术力量、业务经验、制度体系，为企事业单位、物业项目、家庭提供约定的绿化服务业务，同时收取相应的服务费用。

4. 设备维保服务

设备维保服务是物业公司为物业设备提供专业的维修保养管理服务。通常物业设备由水、电、气、卫、电梯、闭路电视等设备系统组成，而现代化综合写字楼、商厦等还有空调、自动报警、电信服务等设备系统。城市房屋的常用设备主要是由房屋建筑卫生设备和房屋建筑电气设备两大类组成。物业设备维修保养服务的主要内容包括设施设备的使用管理、维修养护管理、安全管理、技术档案管理。

物业公司提供专项设备维修保养服务，就是充分利用自己的工程队伍、技术力量、业务经验、制度体系，为企事业单位、物业项目、家庭提供约定内容的设备维修保养服务业务，同时收取相应的服务费用。

附：

家庭保洁服务合同范本

委托方：　　　　　　　　　　（以下简称甲方）

受托方：××物业服务有限公司（以下简称乙方）

为明确双方权利义务关系，甲、乙双方本着协商一致、平等互利的原则，签订本合同。

第一条　服务内容

1. 项目名称：

2. 服务地址：

3. 户型与面积：

4. 服务范围：

第二条　服务期限

1. 根据本合同服务内容，双方约定服务期为____天，自　　年　　月　　日起至　　年　　月　　日止。

2. 如遇不可抗力或不具备现场服务条件而无法在规定期限内履行合同，经双方确定后，工期可以相应缩短或延长。

第三条　服务质量

本项服务遵守《家庭保洁操作规程》和《家庭保洁验收标准》，未作规定的以双方约定为准，并且在本合同中注明。

第四条　收费标准与付款方式

1. 收费标准：

2. 本项服务费用总金额为人民币　　元（大写：　　元）。

3. 付款方式：

第五条　甲方义务

1. 甲方应无偿向乙方提供管理和存放设备、物品及作业人员更衣的场所，以及乙方作业所需条件，如水、电和其他支援物料。

2. 甲方对一次性服务的项目，应在保洁作业活动结束当天进行验收，超出验收期限或已使用服务现场视为甲方默认质量验收合格。

3. 甲方应按本合同规定的价款和付款方式进行结算。

第六条　乙方义务

1. 乙方应遵守甲方的现场管理规定。

2. 乙方应严格按照本合同相关条款和保洁范围、标准及保洁次数的规定进行服务并接受甲方的监督检查。

3. 乙方必须按照本合同规定，提供作业所需的清洁设备、工具、器材及药剂。

第七条　违约责任

1. 由于甲方原因造成乙方无法作业或误工，乙方作业延期完工或误工损失之责任由甲方承担。

2. 在服务过程中，乙方因管理不善造成甲方财物损坏等后果，由乙方承担相应责任。

第八条　合同争议解决途径

甲乙双方在履行合同的过程中如发生争议，应协商解决。如协商不成的可申请各地仲裁委员会仲裁解决。

第九条　附则

1. 本合同如有未尽事宜，双方可通过协商签订补充合同，补充合同与本合同具同等效力。

2. 本合同一式两份，甲乙双方各执一份，具同等法律效力。

第九条　附注：

甲方：　　　　　　　　乙方：××物业服务有限公司

代表人：　　　　　　　代表人：

联系方式：　　　　　　联系方式：

日期：　　　　　　　　日期：

第6节　商业广告

一、商业广告的内涵

商业广告是指商品经营者或服务提供者承担费用，通过一定的媒介和形式直接或间接的介绍所推销的商品或提供的服务的广告。商业广告是人们为了利益而制作的广告，是为了宣传某种产品而让人们去喜爱购买它。

按照《物权法》的规定，社区公共部分用于商业广告，需要取得业主的同意，并且广告收益归业主所有。原则上物业公司扣除商业广告管理费用等后，剩余收益应该归全体业主所有，可用于公共设施的维护或列入公共维修基金等。但在实际操作中，没有物业公司的同意和支持，商业广告是很难植入社区的。大量商业广告投放者迫切希望投放小区广告却又很难联系到业主并取得同意，往往是直接和物业公司进行协商沟通，这就给物业公司进行商业广告服务带来巨大的机会和收益。

在取得业主同意或默许的前提下，物业公司对所有服务的物业项目都可以进行商业广告服务并取得广告收益。目前物业内的商业广告主要是小区广告业务居多，以下统称为小区广告。小区广告的形式一般包括：电梯广告、停车场广告、大堂广告、灯箱广告、墙体广告、楼顶户外广告、宣传栏广告、社区网站广告、宣传单广告、社区电子滚动屏广告、LED 显示屏广告、海报广告等。

二、物业公司开展商业广告服务的工作程序

1. 取得小区广告投放许可

物业公司要开展小区广告服务业务，首先就要取得小区广告投放许可。要与业委会和业主保持良好的沟通和协调，在征得同意或默许的情况下开展这类业务，避免形成对立的服务关系。

2. 设计小区广告投放形式和位置

取得投放许可后，物业公司要设计具体物业项目的小区广告投放形式，如电梯、停车场、楼顶、外墙、灯箱、网站等小区广告投放形式；并且要确定每种投放形式的具体位置，尽量避免扰民行为和重大投诉事故的发生。

3. 确定小区广告服务机构和管理制度

最好成立一个专门的小区广告服务机构，与业委会、业主、主管部门、广告投放商进行协调和合作。同时要建立小区广告投放的管理制度，确保商业广告服务业务的正常开展。

4. 接待和寻找小区广告投放者

进行日常小区广告投放商的接待沟通，通过各种渠道寻找有良好合作前景的商家和广告公司，尽量扩大小区广告服务业务的规模。

5. 签订小区广告合作协议

与具体商家或广告公司进行小区广告投放业务的洽谈，双方达成一致意见后，签订小区广告合作协议。

6. 对小区广告投放项目进行服务与管理

小区广告植入时，对合作方进行相关事务的对接和服务，对日常广告事务进行监督和管理。

7. 小区广告投放收益的分配管理

根据与投放商、业委会或业主、公司内部分配制度的约定，进行小区广告服务费的核查和分配，确保各方开展业务的积极性。

8. 拓展小区广告投放形式和规模

根据物业项目的特点和业主的要求及广告投放商的变化情况，不断拓展小区广告投放的形式，尽量扩大投放规模，创造更大的经济效益。

三、小区商业广告的经营分析

在市场经济蓬勃发展的时代，任何一种产品和服务要想抢占市场，除了“苦修内功、提高服务和产品质量”之外，合理、高效的广告策略也成为一种企业快速发展的方法。但令众多商家头痛的问题是：如今的媒体所传播的信息量越来越大；信息的传播定位却相对背离，信息发布的价格也居高不下。寻找有效的、性价比高的新型媒体成为了广告公司、商家的共同愿望，小区广告正是在这样的大背景下强势登场。由于小区是消费者居住的地方，是各种产品服务消费的终端市场；而且各个小区由于房屋价格的不同决定了消费者的消费水平不同，每个小区都聚集了某种消费层次的业主，商业广告投放者很容易进行广告的精准投放，投放效果良好；同时目前小区广告的投放成本相对传统媒体投放要低得多，基于以上原因，小区广告成为了众多商家关注和争夺的焦点，这也就为物业公司提供商业广告服务带来了巨大的收益机会。

众多商家和广告公司抢夺小区广告投放市场已经成为不争的事实，小区广告收益也是节节攀升。例如广州市一个60万平方米的高档小区，就有150多部电梯，每个电梯可以做3个框架广告，每个广告投放费200元/月，仅电梯广告年收益就是100多万元。加上地下停车场广告、墙体广告、灯箱广告、宣传栏广告、LED屏广告等广告收益，一个小区的广告服务年收益就是200多万元。很多物业公司由于服务物业项目很多，小区广告服务的机会很多，如何开展小区商业广告服务正成为很多公司研究的一个重要课题。

由于小区广告业务的植入、收益分配、管理等方面还存在一些法律层面的问题，一方面物业公司要积极拓展广告投放者，另一方面也要与业委会、业主及政府主管部门保持良好的沟通和合作，确保小区广告服务业务有序开展。

附：

物业电梯广告合作协议范本

甲方：××物业管理有限公司

乙方：××广告装饰有限公司

甲、乙双方就甲方服务区域________________________内的电梯广告位代理发布事宜，经协商达成如下协议：

1. 甲方提供给乙方________________广告位，作为乙方家装宣传用。乙方向甲方支付代理费________元。

2. 时限：自　　年　月　日至　　年　月　日止。

3. 乙方不得宣传与甲方业务相竞争的信息及黄、赌、毒等违法广告信息。

4. 乙方销售人员进入小区，应遵守小区的管理规定，服从物管人员的管理，不得私闯业主家。

5. 乙方广告设计方案需经甲方审批，通过后方可张贴。

6. 广告纸张应保持整洁，若有破损，乙方应及时更换。

7. 乙方在合同到期后应立即拆除广告并恢复原样，如有违反，甲方有权自行拆除，产生费用及责任由乙方承担。

8. 此协议一式两份，双方各执一份，签字生效。

甲方签章　　　　　　　　　　　　　　　　乙方签章

技能训练

1. 根据下面资料，编写一份某大型社区的车辆保管业务实施方案。

停车场办理所需资料

1. 物业管理服务单位工商营业执照、税务登记证原件及复印件；

2. 经过物业主管部门审核备案的物业资质证书原件及复印件；

3. 停车场成本测算情况；

4. 停车场平面图；

5. 停车场概况（包括停车面积、车位、看管人员数量等）；

6. 小区业主委员会及全体业主对拟定收费标准的意见，区物业办对物业企业提供的小区业主委员会及全体业主对收费标准意见资料真实性、合法性的确认证明；

7. 经过物业主管部门审核备案的小区业主委员会成员名单（包括委员姓名、性别、年龄、住址、联系电话、工作单位、职务、政治面貌）；

8. 停车场收费公示照片（公示10天，公示内容包括收费标准、物业公司电话、市发改委电话）；

9. 停车场收费申请报告。

申请机构需提交的文件：

（1）申请政府定价或政府指导价收费标准的正式请示（红头文书，包括申请单位性质、经营状况、申请收费标准等情况的说明）；

（2）工商行政管理部门核发的营业执照或事业单位法人证书等可以证明申请单位具备从事机动车停放保管服务经营活动的证照（经营范围应有“停车场经营”，原件及复印件一份，复印件注明“与原件相符”，并加盖申请单位公章）；

（3）交通行政管理部门批准设立营业性机动车停车场的行政许可决定书（或批复文件）及核发的道路运输经营许可证（原件及复印件一份，复印件注明“与原件相符”，并加盖申请单位公章）；

(4) 规划部门的规划证明及图纸（如：竣工验收证明书、规划验收合格证等。需复印件一份，注明“与原件相符”，并加盖申请单位公章）；

(5) 填写《营业性机动车停车场经营成本申报表》；

(6) 除1～4项外，路内停车场另需提供市政规建部门核发的《临时占用道路许可证》（原件及复印件一份，复印件注明“与原件相符”，并加盖申请单位公章），每半年申报审核一次。

(7) 除1～4项外，交通事故、故障、违法车辆专用停车场另需提供受公安、交通管理部门委托停放保管的证明。

2. 某物业公司从开发商手中取得了某大型住宅小区商铺租赁代理权，请拟定一份该小区商铺的商铺租赁协议范本。

思考与练习

1. 物业公司提供车辆保管业务有哪些法律障碍？物业公司应如何克服这些障碍以获取车辆保管收益？

2. 物业公司还可以开展哪些资源性经营项目和业务？请编制一份详细的资源性经营项目建议书。

3. 物业公司提供商业广告业务有哪些法律障碍？物业公司应如何克服这些障碍以获取商业广告业务的稳定收益？

4. 物业公司开展资源性经营有哪些关键点？如何制定管理制度和机制来保证经营项目和业务的有序开展？

第五章　多元化经营

多元化经营就是物业公司尽量增加产品服务大类和品种，跨行业生产经营多种多样的产品或业务，扩大企业的生产经营范围和市场范围，充分发挥企业特长，利用各种资源，提高经营效益，保证企业的长期生存与发展。

物业公司可利用自身的人力资源、技术资源、客户资源和资金资源，成立房地产中介公司、酒店餐饮管理公司、家政服务公司、装饰装修公司、教育培训公司等公司或机构，开展相关业务经营，从而获得多元化的经营收益。公司或机构的经营方式基本相同，下面主要以多元化项目公司的形式来介绍。

第 1 节　多元化经营的项目和程序

一、多元化经营的内涵和作用

多元化经营又称多样化经营，是企业经营不只局限于一种产品或一个产业，而实行跨产品、跨行业的经营扩张。多元化经营至少具有以下特质：多元化是企业一种经营方式和成长模式；多元化是企业能力与市场机会的一种组合。并且多元化有静态和动态两种含义，前者指一种企业经营业务分布于多个产业的状态，强调的是一种经营方式；后者指一种进入新的产业的行为，即成长行为。所以，物业公司多元化战略是公司在现有经营状态下增加市场或行业差异性的产品或产业的一种经营战略和成长方式。多元化经营属于公司层的战略，是公司成长到一定阶段的必然产物。

物业公司运用多元化经营战略，可以起到以下几方面重要作用：

1. 分散风险，提高经营安全性

商业循环的起伏、市场行情的变化、竞争局势的演变，都直接影响企业的生存和发展。

2. 有利于企业向前景好的新兴行业转移

企业实行多元化经营，在原基础上向新兴产业扩展，一可减轻原市场的竞争压力，二可逐步从增长较慢、收益率低的行业向收益率高的行业转移。

3. 有利于促进企业原业务的发展

不少行业有互相促进的作用。通过多元化经营，扩展服务项目，往往可以达到促进原业务发展的作用。

二、多元化经营的主要项目

物业公司多元化经营的形式多种多样，但主要可归纳为以下四种类型。

1. 同心多元化经营

同心多元化经营战略也称集中化多元化经营战略。指企业利用原有的生产技术条件，制造与原产品用途不同的新产品。如在提供小区工程设备管理的同时，也提供家庭装修、商铺装饰等经营业务。同心多元化经营的特点是，原产品与新产品的基本用途不同，但它们之间有较强的技术关联性。如物业公司利用工程管理资源开设工程维修公司，利用业主资源开设装饰装修公司等。

2. 水平多元化经营

水平多元化经营战略也称为横向多元化经营战略，指企业生产新产品销售给原市场的顾客，以满足他们新的需求。水平多元化经营的特点是，原产品与新产品的基本用途不同，但它们之间有密切的销售关联性。如物业公司成立房地产中介公司；为业主提供房屋租售中介服务；物业公司开设酒店餐饮公司为业主提供餐饮娱乐服务等。

3. 垂直多元化经营

垂直多元化经营战略也称为纵向多元化经营战略。它又分为前向一体化经营战略和后向一体化经营战略。垂直多元化经营的特点，是原产品与新产品的基本用途不同，但它们之间有密切的服务性质关联性或客户对象关联性。一般而言，后向一体化多角经营可保证技术力量、服务市场需求供应，风险较小；前向一体化多角经营往往在新的市场遇到激烈竞争，但其经营利润也往往更高。前向一体化多角经营，如物业公司成立房地产项目投资公司，租赁或开发房地产项目，进行物业投资管理等。后向一体化多角经营，如物业公司根据自己的业务特点和自身资源，开发保安公司、绿化公司、保洁公司等为业主和客户提供相应的服务。

4. 整体多元化经营

整体多元化经营战略也称混合式多元化经营战略，指企业向与原产品、技术、市场无关的经营范围扩展。如物业公司在物业服务的同时，实行多种类型组合的多元化经营，公司下各种项目公司或机构，实行前向、后向多元化经营。如成立房地产中介、酒店餐饮管理、家政服务、装饰装修、教育培训等各种业务类型的项目公司，开展全方位的多元化经营业务。

三、多元化经营的工作程序

物业公司可根据企业实力、人力资源、技术力量、物业项目特点、客户需求、市场竞争等因素进行多元化经营的策划、实施及管理。物业公司可选择一个或多个业务项目开展多元化经营，可选择成立部门或子公司的方式来进行。物业公司多元化经营的一般工作程序如下：

1. 多元化业务市场调查

物业公司要对公司资源、在管项目、业主需求、竞争对手、业务要求进行全方位的市场调查，了解各种拟开设多元化业务的经营可行性，撰写市场调研报告或可行性报告。

2. 企业自身条件分析

物业公司根据调研报告和成立各种多元化业务经营公司或机构的营业要求，分析自身的资金资源、人力资源、技术资源、社会资源、客户资源是否符合开设多元化经营公司或机构的要求。

3. 多元化经营实施方案

根据公司的经营决策，一旦决定开展某项多元化经营业务后，根据要求制定一份相应业务的有操作性的多元化经营实施方案。方案一般要包括建设进度表、公司成立流程、业务内容和类型、作业标准和行为规范、管理制度、运行机制、激励机制、监管机制等内容。

4. 成立多元化经营项目公司（机构）

根据各种多元化经营业务的特点和资格条件要求，有计划成立具体的项目公司（机构）。包括工商营业执照的办理、行业执业资格的办理、办公营业地点的确定、经营人员的安排、公司管理制度体系的建设、各种营业设施设备的准备、业务人员的培训等活动的实施。

5. 确定具体经营项目的执行计划

各个具体经营公司（机构）成立后，就要制订具体的项目执行计划。执行计划是保证各种具体多元化经营项目能否顺利实施的重要保障，项目执行计划应该包含以下内容：项目公司（机构）的建设进度表、各项工作任务的责任人和办事人员安排、产品（服务）的供应方式、岗位人员的具体安排、业务操作流程、价格管理细则、费用开支控制与预算、收入配置及利润分配、合同执行和质量监督管理等。

6. 项目公司（机构）的组织实施

项目执行计划通过后，各任务负责人按照计划实施各项工作任务，一般包括经营资质的申办、经营制度和表格的准备、经营场地的建设、经营设备的配置、经营人员的业务培训、经营合作的业务协调、经营产品（服务）的准备、经营项目的市场推广、经营业务的试运营等。各具体多元化经营项目可按照该项目的特点安排实施顺序和进度。

7. 项目公司（机构）的运营和监管

经营项目公司（机构）正式开业后，就进入日常运营管理阶段。这个阶段主要是对公司（机构）的组织管理、业务的服务质量、经营的收支管理、人员的规范化操作、风险的系统性控制、产品服务的有序供应、客户的投诉处理、合作方或供应方的沟通协调等方面进行监督和管理。具体经营项目公司（机构）可根据项目自身特点进行有关的运营和监管。

8. 项目公司（机构）的动态分析和管理

由于各种多元化业务都有动态发展变化的过程，要对经营项目公司（机构）的成本、收益、风险、技术等变化情况进行动态分析。根据动态分析的结论对经营项目公司（机构）

实施相应的管理，保证该经营项目的经济效益和持续经营。

第 2 节　房地产中介服务公司经营

一、房地产中介服务的内涵和意义

房地产中介服务是房地产咨询、房地产评估、房地产经纪等活动的总称。房地产咨询，是指有关机构为从事房地产活动的当事人提供房地产信息、技术、政策法规等方面服务的活动。房地产评估，是指房地产专业估价人员，根据估价目的，遵循一定的原则，按照一定的程序，采用科学的方法，并结合估价经验与对影响房地产价格的因素的分析，对房地产的真实、客观、合理的价格所作出的估价、推测与判断。无论是房地产的买卖、交换、租赁入股、抵押贷款、征用赔偿、课税、保险、典当、纠纷处理，还是企业合资、合作、承包经营、股份制改组、兼并、分割、破产清算，以及房地产管理和会计成本分析等，都需要房地产估价。房地产经纪，是指为委托人提供房地产信息和居间代理业务的活动。也就是有关机构为房地产交易双方牵线搭桥、提供信息、促成交易的活动。在现实生活中常出现当事人对房地产市场行情、交易对手等不了解，从而不知如何进行交易的情况，而房地产经纪则恰好满足了当事人的需要。当事人可通过房地产经纪机构准确、及时地了解市场行情、交易对手等情况，积极稳妥地进行交易。

物业管理公司成立房地产中介公司，可以为在管项目或周边项目提供房屋租售中介、业主或客户房地产投资咨询、房地产评估等服务业务，获取相应的中介服务费。由于物业公司与业主客户之间有良好的互动关系和信任基础，很容易得到业主的房产租售信息和取得业主的信任，有良好的开展房地产中介服务经营的优势条件和市场前景。如果物业公司可控制物业项目的商业租售，形成独家房地产中介服务经营的局面，将可获取更大的经济收益空间。

二、成立房地产中介服务公司的工作程序

成立房地产中介服务公司，一般要完成两套流程：一是到工商局注册，取得工商营业执照；二是到当地房管部门进行备案登记，取得执业资格。一般工作程序如下：

1. 选择公司的形式

普通的有限责任公司，最低注册资金 3 万元，需要 2 个或 2 个以上的股东；允许 1 个股东注册有限责任公司，这种特殊的有限责任公司又称“一人有限公司”（但公司名称中不会有“一人”字样，执照上会注明“自然人独资”），最低注册资金 10 万元。

2. 注册公司所需的注册资料

注册公司所需的注册资料包括个人资料（身份证、法人户口本复印件或户籍证明、地

址、电话号码）、注册资金、拟定注册公司名称若干、公司经营范围、租房房产证或租赁合同、公司住所、股东名册及股东联系电话和联系地址、公司章程，以及公司的机构及其产生办法、职权、议事规则。

3. 注册公司的步骤

（1）核名

到工商局去领取一张《企业（字号）名称预先核准申请表》，填写准备取的公司名称，由工商局上工商局内部网检索是否有重名，如果没有重名，就可以使用这个名称，就会核发一张《企业（字号）名称预先核准通知书》。

（2）租房

租赁一个中介公司经营场地。

（3）签订租房合同

签订租房合同，并让房东提供房产证的复印件。

（4）买租房的印花税

到税务局去买印花税，按年租金的千分之一的税率购买，贴在房租合同的首页。

（5）编写“公司章程”

可以在工商局网站下载“公司章程”的样本进行修改。章程的最后由所有股东签名。章程打印（股东每人各1份、工商局1份、银行1份、会计师事务所1份）。

（6）刻私章

刻法人私章（方形的）。

（7）到会计师事务所领取“银行询征函”

联系一家会计师事务所，领取一张“银行询征函”，必须是原件，会计师事务所盖鲜章。

（8）去银行开立公司验资户

所有股东带上自己入股的那一部分钱到银行，带上公司章程、工商局发的核名通知、法人代表的私章、身份证、用于验资的钱、空白询征函表格，到银行去开立公司账户，告诉银行是开验资户。开立好公司账户后，各个股东按自己出资额向公司账户中存入相应的钱。银行会发给每个股东缴款单，并在询征函上盖银行的章。

（9）办理验资报告

拿着银行出具的股东缴款单、银行盖章后的询征函，以及公司章程、核名通知、房租合同、房产证复印件，到会计师事务所办理验资报告，会计师事务所验资报告按注册资本收费。

（10）注册公司

到工商局领取公司设立登记的各种表格，包括设立登记申请表、股东（发起人）名单、董事经理监理情况、法人代表登记表、指定代表或委托代理人登记表。注册登记费，按注册资金的万分之八收取。填好后，连同核名通知、公司章程、房租合同、房产证复印件、验资报告一起交给工商局。

(11) 刻公章、财务章

凭营业执照到公安局特行科指定的刻章社，去刻公章、财务章。后面步骤中，均需要用到公章或财务章。

(12) 办理企业组织机构代码证

凭营业执照到技术监督局办理组织机构代码证。办这个证需要半个月，技术监督局会首先发一个预先受理代码证明文件，凭这个文件就可以办理后面的税务登记证、银行基本户开户手续了。

(13) 去银行开基本户

凭营业执照、组织机构代码证，去银行开立基本账户，最好是在原来办理验资时的那个银行的同一网点去办理。开基本户需要填很多表，最好把能带齐的东西全部带上，包括营业执照正本原件、身份证、组织机构代码证、公财章、法人章。开基本户时，还需要购买一个密码器，今后公司开支票、划款时，都需要使用密码器来生成密码。

(14) 办理税务登记

领取执照后，30 日内到当地税务局申请领取税务登记证。一般的公司都需要办理两种税务登记证，即国税和地税税务登记证。

(15) 请兼职会计

办理税务登记证时，必须有一个会计，因为税务局要求提交的资料其中有一项是会计资格证和身份证，可先请一个兼职会计。

(16) 申请领购发票

房地产中介公司是服务性质的公司，到地税申领发票。

4. 房地产管理部门备案登记

到当地的房地产管理部门进行备案登记，所需材料有房地产中介服务机构备案登记申请表、营业执照、房地产中介服务人员资格证书、办公场所证明、验资报告、公司章程等资料，大概五个工作日完成。备案成功后，公司就可以正常营业了。

三、房地产中介服务经营分析

房地产中介服务业是一个方兴未艾的行业，特别是国家将房地产业确定为国民经济的支柱产业，出台一系列规范发展房地产业的政策措施，为房地产中介业的发展注入了新的生机和活力。随着城乡居民住房消费的旺盛需求，我国经济的持续、稳定、快速发展和城市化进程的加快，以及全面建设小康社会奋斗目标的确立，这些都是为房地产中介提供了巨大和广阔的发展空间。

狭义的房地产中介是指在房地产市场中，以提供房地产供需咨询、协助供需双方公平交易、促进房地产交易形成为目的而进行的房地产租售的经纪活动、委托代理业务或价格评估等活动的总称。广义的房地产中介服务，是指覆盖房地产投资、经营管理、流通消费的各个环节和各个方面，为房地产的生产、流通、消费提供多元化的中介服务。按照《城市房地产管理法》的规定，我国房地产中介服务主要表现为房地产咨询、房地产经纪和房地产估价三种形式，显然这是对房地产中介作了狭义的理解。今后，随着我国市场经济的不断深入和房地产业的进一步发展，房地产中介服务必将会更加丰富和完善。

房地产中介活动，主要是通过提供各种信息和咨询，依靠房地产中介机构的专业人员所拥有的各种专业知识，依靠他们特有的组织机构，特殊的活动方式和方法，为房地产市场的各种主体提供专业服务，因此它与一般的房地产开发与经营、房地产交易活动有很大区别。房地产中介服务有如下一些特点。

1. 房地产中介活动具有内容的服务性

房地产中介是提供各类信息、咨询、估价、代理服务的经营活动。这个行业的产品就是服务，服务的质量、水平标志着产品的质量、水平。在整个服务过程中，中介机构既不占有商品也不占有货币，主要是依靠自己的专业知识、技术、劳务等为房地产各部门提供中介代理和相关服务。

2. 房地产中介活动具有非连续性和流动性的特点

房地产中介机构在为客户提供服务时，就形成了中介人与委托人的关系，即服务和被服务的关系。这种关系不是长期的和固定的，而是就某一事项达成的一种契约关系，这种服务一旦完成，原有的契约关系也就解除，即委托服务终止。房地产中介服务的这种特点容易引发两类问题：一是导致部分房地产中介机构忽略自身的责任，在提供短期服务的过程中以获取佣金作为唯一目的而采用欺骗、误导等手段故意损害委托方的利益；二是在中介行业竞争激烈的情况下，由于中介方与委托方通常缺乏长期合作的可能而导致委托方故意损害中介方的利益，如经纪人可能被交易双方“甩掉”导致其投入的时间和精力无法得到补偿、开发商违约导致代理商的佣金无法兑现等。

3. 房地产中介活动具有极大的灵活性

因为房地产中介服务机构与服务对象之间没有固定的联系和关系，不受交易对象的限制，也不受交易主体的制约，从而使它具有极大的灵活性。也就是说，它可以不受时间、地点、交易对象和交易方式的限制。

附：

××市房地产中介服务合同范本（买方/承租方使用）

甲方（中介公司）：__________________

乙方（买方/承租方）：__________________

根据有关法律法规的规定，甲乙双方本着诚实信用的原则，经协商一致达成如下协议。

第一条　中介服务内容

甲方为乙方提供【独家】【非独家】中介服务，期限为__________________________，自_________年_____月_____日至_________年______月_____日。

甲方为乙方提供【购买】【租赁】【住宅】【写字楼】【商铺】【工厂】【其他__________________】的中介服务。

甲方促成乙方签署【买卖】【租赁】合同后，乙方【需要】【不需要】甲方提供代理办理房地产【交易过户】【租赁登记】【其他________】手续的中介服务。

乙方【同意】【不同意】授权甲方代为【预约办理】【申请办理】________公证。

其他________

第二条 乙方需求房地产的基本情况

1. 乙方需要【购买】【租赁】的房地产为【住宅】【写字楼】【商铺】【工厂】【其他________】。

2. 房地产地址：________；建筑时间：________。

3. 房地产【建筑面积】【套内面积】：________。

4. 房地产以【建筑面积】【套内面积】计算，单价为人民币每平方米________元范围内，总金额为人民币________元（￥________）范围内。

5. 该房地产按套出售并计价，总金额为人民币________元（￥________）范围内。

6. 乙方同意付款方式：【一次性付款】【分期付款】【按揭付款】【其他________】。

7. 税费缴交方式【各付各税】【税费全部由买方/承租方支付】【税费全部由卖方/出租方支付】。

8. 其他________

第三条 甲方权利义务

1. 甲方根据诚实信用原则为乙方提供中介服务，有权向乙方收取中介服务费或要求乙方支付从事中介活动支出的必要费用。

2. 甲方根据合同开展中介活动，为乙方寻找可【购买】【租赁】的房地产对象。

3. 甲方应当核实介绍给乙方的房地产权属资料并如实告知乙方；乙方要求甲方提供由政府相关部门出具的证明资料，甲方应向政府相关部门申请，所需费用由乙方承担。

4. 甲方应当根据合同带乙方察看可供乙方【购买】【租赁】的房地产。

5. 促成乙方达成【买卖】【租赁】合同。

6. 为乙方提供房地产交易及房屋租赁方面的咨询。

7. 甲方必须如实将交易进展情况通报乙方。

8. 非经乙方同意，甲方不得泄露乙方的信息资料。

9. 其他________

第四条 乙方权利义务

1. 乙方有权向甲方询问交易进展情况，甲方必须如实告知，不得隐瞒。

2. 甲方为乙方提供中介服务过程中，乙方应予配合并提供必要的协助。

3. 甲方根据诚实信用原则为乙方的房地产提供中介服务的，乙方应支付中介服务费或支付甲方从事中介活动支出的必要费用。

4. 甲方根据合同规定条件为乙方找到【出售】【租赁】的房地产后，应及时通知乙方并约定签署房屋买卖合同的时间，乙方应在约定时间内签署房屋买卖合同。

5. 其他________________

第五条 中介服务费、协办手续费给付

甲方促成乙方签署【买卖】【租赁】合同的，乙方应在【合同签订当日】【合同生效之日】【其他______________】向甲方支付人民币______________（¥______________）整作为中介服务费。

甲方促成乙方签署【买卖】【租赁】合同后，乙方需要甲方代办房地产【交易过户】【入住手续并结清有关费用】【租赁登记】【其他______________】手续，乙方应向甲方支付人民币______________（¥______________）作为协办手续费。

其他________________

第六条 合同的解除和变更

乙方可以随时取消委托或变更出售、出租条件，但应及时通知甲方；乙方通知甲方取消委托或变更出售、出租条件前，甲方已为乙方提供符合本合同约定的中介服务的，乙方应向甲方支付从事中介活动支出的必要费用（该费用不得超过中介服务费）。

第七条 法律责任

1. 甲乙双方不履行本合同规定或履行合同不符合约定的，应当承担违约责任，违约方应支付违约金，违约金标准为______________。

2. 乙方逾期支付中介服务费的，应向甲方支付违约金，违约金的标准为______________。

3. 甲方在提供中介服务过程中存在隐瞒或欺诈，致使乙方受到损失，甲方不得收取中介服务费，并应赔偿乙方的损失。

4. 因乙方未能及时履行义务，导致甲方未能促成乙方签署【买卖】【租赁】合同的，甲方可以要求乙方支付违约金，违约金为______________，但不得再要求乙方支付中介服务费。

5. 乙方与甲方介绍的客户私下交易的，甲方可以要求乙方支付中介服务费，并可要求乙方支付违约金，违约金为______________。

其他________________

第八条 免责条款

1. 因不可抗力导致本中介服务合同无法履行的。

2. ________________

第九条 纠纷解决方式

本合同在履行过程中发生的争议，双方当事人协商不成的按下述第______________种方式解决：

1. 提交××市仲裁委员会仲裁；

2. 提交______________仲裁委员会仲裁；

3. 依法向人民法院起诉。

第十条 本合同未尽事宜，可由双方约定后签订补充协议作为本合同附件。合同附件与正文具有同等法律效力。

第十一条　本合同连同附件共＿＿＿＿＿＿＿＿页，一式＿＿＿＿＿＿＿＿份，具有同等法律效力，合同持有情况：甲方＿＿＿＿＿＿＿＿份，乙方＿＿＿＿＿＿＿＿份。

甲方（盖章）：＿＿＿＿＿＿＿＿　　乙方（盖章）：＿＿＿＿＿＿＿＿

委托代理人（签字）：＿＿＿＿＿＿　　委托代理人（签字）：＿＿＿＿＿＿

＿＿＿＿年＿＿月＿＿日　　＿＿＿＿年＿＿月＿＿日

第3节　酒店餐饮管理公司经营

一、酒店餐饮经营的内涵

一个具有水准的酒店，要有安全舒适并能吸引客人居住的客房，具有能提供有地方风味特色的美味佳肴的各式餐厅，还要有商业会议厅，贸易洽谈时所需的现代化会议设备和办公通信系统，旅游者所需要的康乐中心。游泳池、健身房、商品部、礼品部，以及综合服务部，如银行、邮局、电传室、书店、花房、美容厅等。同时，各部门要有素质良好的服务员，向客人提供一流水平的服务。

餐饮业是通过即时加工制作、商业销售和服务性劳动于一体，向消费者专门提供各种酒水、食品的消费场所和设施的食品生产经营行业。餐饮的概念有两层含义：一是饮食，经营餐饮，提供餐饮；二是指提供餐饮的相关服务，满足食客的需求，从而获取相应的服务收入，如为结婚喜宴提供大厅和灯光、扩音设备等的服务。由于在不同的地区、不同的文化下，不同的人群饮食习惯、口味的不同，因此，各地的餐饮表现出多样化的特点。餐饮行业一般的支出项为房租、税务、人工、物料、能源、杂项等。餐饮门店的证照办理为三证换一证：即餐饮服务许可证、环保许可证、消防许可证；三证办理完后可向工商部门申请换取营业执照。餐饮根据经营者的业态和规模实施分类管理，主要分为餐馆、快餐店、小吃店、饮品店、食堂五大类。

酒店餐饮管理公司指的是经营酒店、餐饮店的组织机构。由于现在大型住宅小区很多都配套建设有各种档次的酒店，同时社区有大量的业主需要提供各种餐饮服务。物业公司设立酒店餐饮管理公司进行酒店、餐饮服务，解决了业主和客户“衣食住行”中的“吃饭和住宿”两大问题。由于目前市场上有大量的酒店开发建设，物业项目内业主有大量的餐饮需求，物业公司成立酒店餐饮管理公司有很好的经营前景，一方面可以为专业酒店提供酒店管理服务或经营管理；另一方面可以经营各类餐饮门店来满足“民以食为天”的餐饮需求，从而获取可观的酒店餐饮经营效益。

二、成立酒店餐饮管理公司的工作程序

1. 酒店餐饮市场调研

物业管理对所管物业项目进行酒店餐饮需求调查、竞争对手调查、自身资源调查等，形成可行性研究报告，确定是否成立酒店餐饮机构来开展相关业务。

2. 制定酒店餐饮经营方案

一旦确定成立酒店餐饮公司，就应该制定具体的酒店餐饮实施方案。方案应包括如何注册公司、酒店餐饮项目设计、服务人员安排、服务项目质量标准、工作流程、管理制度、执业资格条件等内容。

3. 注册酒店餐饮管理公司

安排工作人员负责注册酒店餐饮管理公司，获取开展酒店餐饮业务的行政许可。已有酒店餐饮营业许可的物业公司可成立酒店餐饮管理部来专门开展酒店餐饮经营业务。

4. 酒店餐饮管理公司条件准备

对酒店餐饮公司的办公场地、工作人员、设备工具进行准备，同时建立制度规范，对员工进行业务培训，为提供酒店餐饮做好准备。

5. 酒店餐饮业务推广

根据公司设计的酒店餐饮项目，在所管物业内外进行市场推广。可以采用电话、宣传栏、网站、广告等方式进行推广，尽量获取酒店餐饮业务。

6. 酒店餐饮日常运营

获取酒店餐饮业务后，家政公司提供相应酒店餐饮活动，并开展日常运营管理。其主要内容包括业务管理、员工管理、财务管理、薪酬管理、服务质量管理等内容。

7. 酒店餐饮投诉处理

提供酒店餐饮业务后，对客户针对酒店餐饮投诉进行及时协调和处理，尽量满足客户的需求和诉求，提高客户满意度。

三、酒店餐饮经营分析

相对商务宴请，物业公司更应重视居家日常消费市场的发展潜力，将消费群体锁定于家庭聚餐的普通百姓，以高性价比作为其核心竞争力。随着生活水平的日益提高，家庭消费能力不容忽视。如今，很多老老少少、亲人朋友外出吃饭首先想到的就是“小区餐馆”。在这里，可以尽情享受物业公司一手打造的环境、微笑细致的星级服务、色香味俱全的丰盛菜肴。随着都市生活的来临，越来越多的消费者不愿也没有过多的时间来操持家务，公司管理者应敏锐洞察这一市场动态，抓住契机，转变经营思路，扩大经营范围，将消费人群确立在餐馆周边居民和一些工作繁忙的白领人群。有了准确的市场定位后，公司将目光瞄准在管楼盘，在小区开设有良好需求的特色餐馆。小区餐饮店投资是由地段、主力店、

开发商、投资时机和人气消费力来决定其前景。目前，随着人们生活水平的不断提高，到餐馆消费已成为时尚，尤其是节假日家庭聚餐、生日宴席是平常事。为了满足居民的需求，在居民住宅群和新建小区经营餐馆，环境要朴实无华、干净明快，经营的品种应多样化，多开办一些家常菜、烤鸭、饺子、小吃等百姓喜欢的菜品。要求质高价低，菜量十足，经济实惠并有新意，适合工薪阶层的需求。

物业公司要利用物业项目配套酒店、餐饮场地和人力资源，进行业主需求调查，有针对性开展酒店餐馆经营业务，获取稳定而可观的酒店餐馆经营收入。

第4节　家政服务公司经营

一、家政服务公司的内涵

家政服务公司指的是由专业家政人员来提供室内外清洁、外墙清洗、清洗地毯、石材翻新、石材养护及钟点服务等家政服务，将部分家庭事务社会化、职业化的社会盈利组织。以此来帮助家庭与社会互动，构建家庭规范，提高家庭生活质量，以此促进整个社会的发展。

1. 家政服务公司的经营内容

家政服务公司通常可以提供以下经营服务内容。

（1）一般家务：制作家庭便餐、家居保洁、衣物洗涤、园艺等，以器物的服务为主。

（2）看护婴幼儿：对婴幼儿的照料、看管。

（3）护理老年人：照料、陪护老年人。

（4）照顾病人：在家庭或医院照料、看护病人。

（5）护理产妇与新生儿：护理产妇与新生儿，护理人员也称月嫂。

（6）家庭教育：主要是对幼儿或小学生的品德和良好习惯的培养、智力开发和学业进行辅导。

（7）家庭理财：对客户日常生活开支的管理，包括采购、记账等。

（8）家庭秘书：从事家庭或企业的文书档案处理、计算机操作、公关事务、汽车驾驶等。

（9）家庭安全员：一类是负责家庭器物的维修与安全，如负责水电、电器、计算机、住宅的维修服务与安全等，又称家庭技术员；另一类是负责家人的安全，又称家庭保安员。

（10）陪伴：陪同购物或聊天，主要满足客户舒缓情绪，排遣孤独感，或通过其他陪伴方式满足客户的心理需求。

（11）管家：对客户的家庭事务进行全面安排，具体安排其他家庭服务员的日常工作。能针对客户家人的不同特点，调配膳食，美化家庭环境，科学体育锻炼，安排家庭休闲娱乐、旅游，迎送宾客，指导合理的作息等。

（12）居家服务的家政从业人员（保姆）：其服务项目一般是全面多项的，而钟点工、计件工则有单项或多项的，其具体服务项目应以客户与家政企业或家政从业人员所签订的合同内容为准。

（13）单位、社区的服务项目：如清洁托管、单位保洁等，因其后勤服务比较专业化，其项目一般以单项或几项为主。

2. 物业公司开办家政服务公司的内涵

物业公司进入家政服务领域，在涉及服务员管理（如何招聘、面试、培训）、客户管理（快速推广、定价、签约、售后服务等）、家政员管理、培训风险管理和投诉管理都具有很大的优势。物业公司可以利用自身的技术条件、人力资源、管理优势、客户资源，对业主进行家政服务业务的开展；如果业务量大，更应该开办家政服务公司，为广大业主和外部客户开展各种家政服务业务，获取可观的经济效益。

由于物业公司开办家政服务业务存在业主对公司有信任度、接触机会多、服务方便快捷、投诉处理迅速等特点，一旦业务需求量大而且稳定，物业公司完全可以不和社会机构合作，自已独立开办一家家政服务公司为广大业主客户提供各种家政服务业务，获取最大化的家政服务收益。

二、成立家政服务公司的工作程序

物业公司成立下属家政服务公司（或家政服务部）的一般工作程序如下：

1. 家政服务市场调研

物业管理对所管物业项目进行家政服务需求调查、竞争对手调查、自身资源调查等，形成可行性研究报告，确定是否成立家政服务机构来开展相关业务。

2. 制定家政服务方案

一旦确定成立家政服务公司，就应该制定具体的家政服务实施方案。方案内容应包括如何注册公司、家政服务项目设计、服务人员安排、服务项目质量标准、工作流程、管理制度等内容。

3. 注册家政服务公司

安排工作人员负责注册家政服务公司，获取开展家政服务业务的行政许可。已有家政服务营业许可的物业公司可成立家政服务部来专门开展家政服务业务。

4. 家政服务公司管理

对家政服务公司的办公场地、工作人员、设备工具进行准备，同时建立制度规范，对员工进行业务培训，为提供家政服务做好准备。

5. 家政服务业务推广

根据公司设计的家政服务项目，在所管物业内外进行市场推广。可以采用电话、宣传栏、网站、广告等方式进行推广，尽量获取家政服务业务。

6. 家政服务日常运营

获取家政服务业务后，家政公司提供相应家政服务活动，并开展日常运营管理。其主要内容包括业务管理、员工管理、财务管理、薪酬管理、服务质量管理等内容。

7. 家政服务投诉处理

提供家政服务后，对客户针对家政服务的投诉进行及时协调和处理，尽量满足客户的需求和诉求，提高客户满意度，为持续经营打好基础。

三、家政服务经营分析

1. 专业家政服务公司经营分析

目前全国对家政服务人员的需求空缺在 1 500 万个以上，随着这个行业的需求量不断地扩大，雇佣双方的矛盾也越来越多。目前家政服务的项目主要有操持家务、照料老人、看护婴幼儿、看护病人、护理孕妇与产妇、制作家庭餐、家务管理、家庭教育、家庭休闲娱乐等。家政服务的用工形式分为全日工、半日工、小时工等。全日制工作的家政服务员主要来自农村，小时工和其他类型家政服务人员多来自城市企业下岗职工、失业人员、退休人员，也有部分农村富余劳动力。目前专业的家政公司经营中存在以下问题：

（1）市场竞争越来越激烈

由于目前专业家政公司越来越多，而且物业公司也不断加入家政服务领域，对专业家政公司形成了巨大的市场冲击。

（2）家政服务的职业培训有待加强

目前，从事家政服务的人员职业技能培训工作大多由家政服务企业自行进行，没有相应的教材，内容空洞简单，缺乏系统性和专业性。

（3）家政服务人员素质有待提高

家政服务人员主要由下岗女工或农村女性组成，年龄大多在 40～50 岁，所受的家政服务业技能知识培训有限，多数不经培训就上岗从事家庭清洁、老幼看护等家政服务工作，缺乏应具备的家政服务专业素质。

（4）用人家庭的需求难以保证，家政服务的消费尚需引导

用户对家政服务的基本要求是安全可靠和质量满意。许多家庭实际上已有条件聘用家政服务员，但由于目前家政服务市场选择余地小，难以找到合适人选，又没有客观衡量标准和担保机制，故不得已放弃使用家政服务员。因没有合适人选而放弃，如社会能够提供较好的资源，则可以挖掘出更多需求。

（5）家政服务业收费价格有待规范

目前，家政服务业的收费标准不统一，由家政服务企业自行定价或从事家政服务业的人员与雇主商定，价格浮动较大。

（6）职业介绍不健全，影响家政服务发展

一些家政服务中介机构运作不规范，乱收费，缺乏后续服务，在介绍人员质量和保证

家庭安全方面均无保证。非法中介机构损害用户和服务人员权益现象时有发生，影响家政服务健康开展。

（7）权益保障机制急待健全

由于家政服务供求双方、家政服务公司与服务员及用人家庭的责权利不明确，有的服务协议不规范，甚至有的不签订服务协议，导致双方权益保障没有依据，家政服务员与用人家庭发生纠纷争议难以处理。由于家政服务员的社会保障和工作期间的伤害、致残、死亡等问题没有妥善的解决办法，致使供求双方均存在后顾之忧，家政服务行业发展步履维艰。

（8）家政服务标准有待统一

各家政服务企业现行的服务质量标准各行其是，不规范，使诸如月嫂、老人看护、家庭清洁等技术含量较高的服务质量难以保证，一些接受服务的家庭觉得付出的报酬与获得的服务质量不相等。

2. 物业公司下属家政服务公司经营优势分析

物业管理与家政服务以前基本是各管一摊，物业管理主要提供小区保安、维护、清洁等服务；而家政主要为业主客户提供保姆、清洁等服务，两者井水不犯河水。但是这一局面将被打破，物业管理公司为了更好地服务业主客户，同时也为了拓展自己的发展领域和经营收入，开始介入为业主客户提供服务的领域，包括清洁、购物、烹饪、绿化等家庭生活服务。其实物管公司介入家政服务在之前已经出现了苗头，国际化公寓的出现，其提供的酒店式管理已经是物业管理介入家政的表现，但大多数集中在高端物业。而一些大型楼盘，物业管理也提供一些清洁等服务，但内容有限。现在，物业管理介入清洁等原来家政的领域范围已经越来越成为一种趋势。

物管公司如果成立专业的家政服务公司，有以下经营优势：

（1）信任优势

相对于家政公司而言，物业管理公司拥有最大的优势就是客户的信任感。由于业主与物业公司存在众多的服务项日和接触机会，与物业公司建立了长期的合作关系，很容易将家政业务委托给物业公司。

（2）成本优势

由于物业公司本身就有保洁服务业务，在人力、场地、设备、管理上都可以利用自身资源来进行家政服务活动，相比专业家政公司有更大的成本优势。

（3）人员优势

由于物业公司本身有大量的保洁人员和技术人员及保洁管理机构，可以在辖区内为员工提供住宿，为员工购买社保，相对专业家政公司可以更方便管理家政服务人员，同时也更容易留住员工。

（4）管理优势

因为物业公司本身就在物业项目现场进行物业管理服务活动，可以对现场的家政服务进行及时、动态的现场管理，相对专业家政公司具有更全面的管理优势。

（5）信息优势

因为物业公司日常就与业主有频繁的服务和管理接触，相比专业家政公司更容易获取业主客户家政服务需求的信息，具有良好的信息优势。

（6）价格优势

由于物业公司的成本优势，加上可以让物业管理人员兼职提供家政服务，所以相比专业家政公司可以推出更低的家政服务价格，具有价格竞争优势。

（7）服务优势

由于物业公司的家政服务公司往往就设立在所管物业项目内，可以对家政服务内容的调整，家政服务人员的更换、家政服务投诉的接待等方面提供及时的处理和管理，具有更良好的服务优势。

第5节　装饰装修公司经营

一、装饰装修公司的内涵和资质

装修公司是集室内设计、预算、施工、材料于一体的专业化公司。装修公司是为相关业主提供装修装饰方面的技术支持，包括提供设计师和装修工人，从专业的设计和可实现性的角度上，为客户营造更温馨和舒适的家园而成立的企业机构。现在的装饰公司一般是设计与装修相结合的模式经营。随着生活水平的不断提高，装修这一行业慢慢地从建筑这一大行业之中脱离开来，发展成为了一个专门的子行业。通常意义上，装修公司的职责范围应该包括前期装修设计、装修材料选配、装修施工、后期配饰、保修维护等几个阶段。装修装饰公司专业承包企业资质分为一级、二级、三级。

1. 装修装饰公司专业承包企业一级资质标准

（1）企业近5年承担过3项以上单位工程造价1 000万元以上或三星级以上宾馆大堂的装修装饰工程施工，工程质量合格。

（2）企业经理具有8年以上从事工程管理工作经历或具有高级职称；总工程师具有8年以上从事建筑装修装饰施工技术管理工作经历并具有相关专业高级职称；总会计师具有中级以上会计职称。企业有职称的工程技术和经济管理人员不少于40人，其中工程技术人员不少于30人，且建筑学或环境艺术、结构、暖通、给排水、电气等专业人员齐全；工程技术人员中，具有中级以上职称的人员不少于10人。企业具有的一级资质项目经理不少于5人。

（3）企业注册资本金1 000万元以上，企业净资产1 200万元以上。

（4）企业近3年最高年工程结算收入3 000万元以上。

2. 装修装饰公司专业承包企业二级资质标准

（1）企业近5年承担过2项以上单位工程造价500万元以上的装修装饰工程或10项以

上单位工程造价50万元以上的装修装饰工程施工，工程质量合格。

（2）企业经理具有5年以上从事工程管理工作经历或具有中级以上职称；技术负责人具有5年以上从事装修装饰施工技术管理工作经历并具有相关专业中级以上职称；财务负责人具有中级以上会计职称。企业有职称的工程技术和经济管理人员不少于25人，其中工程技术人员不少于20人，且建筑学或环境艺术、结构、暖通、给排水、电气等专业人员齐全；工程技术人员中，具有中级以上职称人员不少于5人。企业具有的二级资质以上项目经理不少于5人。

（3）企业注册资本金500万元以上，企业净资产600万元以上。

（4）企业近3年最高年工程结算收入1 000万元以上。

3. 装修装饰公司专业承包企业三级资质标准

（1）企业近3年承担过3项以上单位工程造价20万元以上的装修装饰工程施工，工程质量合格。

（2）企业经理具有3年以上从事工程管理工作经历；财务负责人具有初级以上会计职称。企业有职称的工程技术和经济管理人员不少于15人，其中工程技术人员不少于10人，且建筑学或环境艺术、暖通、给排水、电气等专业人员齐全；工程技术人员中，具有中级以上职称的人员不少于2人。企业具有的三级资质以上项目经理不少于2人。

（3）企业注册资本金50万元以上，企业净资产60万元以上。

（4）企业近3年最高年工程结算收入100万元以上。

4. 专业承包企业资质承包工程范围

一级企业可承担各类建筑室内、室外装修装饰工程（建筑幕墙工程除外）的施工。二级企业可承担单位工程造价1 200万元及以下建筑室内装修装饰工程。三级企业可承担单位工程造价60万元及以下建筑室内装修装饰工程。

5. 装饰装修公司的经营范围

（1）居住空间效果图设计及施工

包括对客厅、卧室、餐厅、厨房、书房、琴房、休闲厅、视听室、儿童房装修的效果图及施工。

（2）酒店餐饮娱乐场所效果图设计及施工

包括星级宾馆酒店、大堂、共享空间、大堂吧、四季厅效果图；商务中心、多功能厅、迪厅、酒吧、咖啡厅、桑拿、KTV、歌厅、包间、茶坊、游泳及健身场所、网吧、美容美发厅、SPA、婚纱影楼、西餐厅、中餐厅、宴会厅、歌舞厅设计及施工效果图及施工。

（3）公共办公空间效果图设计及施工

包括办公楼，写字楼，写字间，大厅、门厅，接待台，总经理室，总裁、行长、局长室，会议室，接待室，资料室，大会议厅，政务、银行、金融、电信营业厅效果图，医院，学校，书店，少年宫、幼儿园，阶梯教室，展览馆，博物馆，邮局，音乐厅，影剧院，体育馆，办公家具效果图设计及施工。

（4）商业空间效果图设计及施工

包括商业店面，商场、商店、专卖店效果图，服装、化妆品、珠宝、电器商铺的效果图设计及施工。

6. 物业公司成立装饰装修公司的经营内涵

物业公司利用自身资源、客户资源、物业资源、社会资源，成立装饰装修公司来开展家装工程和公装工程业务，从而获取多元化经营收益。物业公司下属装饰装修公司主要提供家装业务，也可提供一定公装业务。家装工程是针对家庭居住环境进行的装饰和装修工程，它是在满足居住功能的前提下，实现家居环境、家居氛围与家居艺术品的和谐统一；公装工程指对公共场所和人们的工作场所进行装饰和装修的工程。在解决其特有功能要求的同时，在更高的层次上呈现出特定的艺术内涵和风格特色，使人们能够更好地进行休息、娱乐、工作和其他活动。

二、成立装饰装修公司的工作程序

1. 装饰装修市场调研

物业管理企业对所管物业项目进行装饰装修需求调查、竞争对手调查、自身资源调查等，形成可行性研究报告，确定是否成立装饰装修机构来开展相关业务。

2. 制定装饰装修业务方案

一旦确定成立装饰装修公司，就应该制定具体的装饰装修业务实施方案。方案内容应包括如何注册公司、装饰装修项目设计、服务人员安排、服务项目质量标准、工作流程、管理制度等内容。

3. 注册装饰装修公司

安排工作人员负责注册装饰装修公司，获取开展装饰装修业务的行政许可。已有装饰装修营业许可的物业公司可成立装饰装修部来专门开展装饰装修业务。

4. 装饰装修公司的条件

对装饰装修公司的办公场地、工作人员、设备工具进行准备，同时建立制度规范，对员工进行业务培训，为提供装饰装修业务做好准备。

5. 装饰装修业务推广

根据公司设计的装饰装修项目，在所管物业内外进行市场推广。可以采用电话、宣传栏、网站、广告等方式进行推广，尽量获取装饰装修业务。

6. 装饰装修公司日常运营

获取装饰装修业务后，装饰装修公司积极组织装饰装修活动，并开展日常运营管理。其主要内容包括业务管理、员工管理、财务管理、薪酬管理、服务质量管理等内容。

7. 装饰装修业务投诉处理

提供装饰装修服务后，对客户针对装饰装修业务投诉进行及时协调和处理，尽量满足客户的需求和诉求，提高客户满意度。

三、装饰装修业务经营分析

随着生活水平的提高，人们对装修的要求也越来越高，不仅仅局限于居住，更要求美观舒适，特别是搬入新居之后，往往要对居室加以改造和装饰。物业公司投资一家装修公司很有潜力。我国的家装业是一个利润较大的行业。我国的住宅建设，特别是城镇住宅建设，经历了近 20 年的连续增长之后，已颇具规模。随着人们生活水平的提高和住房制度改革的推进，居住消费占总消费的比重迅速提高，人们越来越关注居住环境的改善。我国的家居装饰业应运而生，10 年来发展很快，据统计，这几年全国家居装饰业的总产值为每年 1 200 亿元，是 20 世纪 90 年代的 40 倍，年均递增 45%，大体上每两年翻一番，相当于全国城镇住宅年投资总额的 30%。有一种大胆的估计：家居装饰在未来两三年内将达到每年 2 000 亿到 3 000 亿元，即相当于住宅投资总额的一半左右。

物业公司下属装饰设计公司以装饰工程设计、装饰工程、消防工程、建筑工程、幕墙工程、建筑装潢领域内的技术服务、水电安装、机电设备安装、绿化工程、展览展示服务、展台设计、土石方工程、计算机图文设计及制作、家具设计等为主要的经营范围、同时也可以经营一些相关的装饰装修产品销售。物业公司开展装饰装修业务有以下的优势：对物业二次装修具有监管的权利和义务，业主委托业务容易进行业务管理对接；业主收楼、业主入住时最早接触业主的是物业公司，很容易获取业主装修需求信息；物业公司为业主提供大量的服务工作，与业主有良好的信任基础；物业公司常驻物业项目，发生装修投诉、质量问题时可以及时处理。正因为物业公司有这些优势，成立装饰装修公司有很大的经营空间。

物业公司下属装饰设计公司经营的几个建议：

1. 签订一份公平的合同

在双方协调一致的基础上，签订一份公平又详细的合同，是十分有必要的。有的客户不认真审核合同就轻率签字，到后来遇到纠纷也就是很正常的事情；装修公司由于制作合同不严密、不详尽，自食其果的同样非常多。

2. 制作一份详细的报价表

这是装修工作的最重要环节之一。报价表要力求详尽，包括所有的承包项目、单价、单位及金额，还应标明哪些材料是装修公司购买，哪些是客户自购，大至灯具、洁具、空调，小至拉手、门锁都要囊括在内。有了这样一份详尽的报价表，就会减少许多不必要的麻烦。一份详细的报价表的重要性是不言而喻的，它能够与合同相提并论。

3. 在施工过程中，同客户相处要融洽，要尽量尊重客户的意见

某些装饰公司在签合同前后往往言行不一、两副嘴脸，丝毫不尊重客户合理的意见及要求。当客户要求修改图纸时，甚至对客户出言不逊，大谈设计风格等专业术语，搞得客户非常难堪；当施工中出现错误时强词狡辩等。这些现象是必须避免的。装修公司既要虚心听取客户的意见，又要勇于承认并改正自身存在的缺点与错误，并做到及时向客户说明，与客户之间建立一种和谐融洽的关系。

4. 进一步扩大透明度

做事情增加透明度，有了问题坦诚向客户说明，这样便会增强客户对公司的信任感。那些认为“无商不奸”的公司是挣不到钱的，许多客户会对公司“望风而逃”。

技能训练

1. 设计一份某大型物业公司的房地产中介服务经营方案。

由任课教师设计物业公司状况特点，布置学生分组设计完成。

2. 编制一份某大型住宅小区的住宅装修经营方案。

由任课教师设计小区状况特点，布置学生分组设计完成。

思考与练习

1. 物业公司还可以开展哪些具体的多元化经营项目？说明具体的开办流程和管理运行机制。

2. 物业公司开展多元化经营的重点和难点有哪些？分析多元化经营的重点工作及难点的解决措施。

3. 编制一份某大型住宅小区五星级酒店的经营管理方案。

4. 编制一份某物业管理公司的家政服务公司的管理制度体系。

第六章　跨行业经营

随着物业管理企业化、专业化、社会化程度的不断提高，某些具有一定实力的物业管理公司应该在市场竞争中进行资本运作，通过适当的资产管理活动，形成跨行业、跨部门、跨地区的集团公司。各物业公司努力拓展企业发展空间的行业区域，积极开拓系列产品业务，为社会提供服务，增加企业经济效益，丰富专业内涵，同时有效地支持物业管理主业的发展。

第1节　跨行业经营的项目和程序

一、跨行业经营的内涵和意义

跨行业经营是指以物业管理为依托组建集团，再成立与房地产物业管理相关的如建材公司、装饰公司、维修公司、清洁公司、保安服务公司及其他公司，或者进行展览展销、社区电子商务、小区推广等商业活动来提高物业公司的经营收入的行为。物业管理公司应根据自身特点和优势，因势利导，开展跨行业经营。这样既降低物业管理经营风险，又能有效地扩大规模，开源增收。当然，跨行业经营虽然能为公司带来一定的利润，但同时也给公司增加了风险。无论怎样的跨行业经营行为都必须以尊重公司实际为基础，加强专业化水平的建设，当专业化水平有了比较坚实的基础，资金管理能力与体制也能充分配合时，跨行业发展将是公司继续成长的一条良好的途径。

物业公司的跨行业经营是经济发展到一定阶段时必然的经济活动要求，也是增强市场经济竞争主体活力的一个基础条件，它对于物业公司与国际市场全面对接，促进物业公司的良性循环、提速发展，都有着重要意义。体现在以下几个方面。

(1) 随着市场经济的发展，迫切要求物业公司必须改变过去那种孤立的、静态的经营方式。而物业公司利用自身资源和物业资源开展跨行业经营，是分解企业经营风险的有效途径。

(2) 物业公司假如不能根据市场及时调节，不能有效地参与市场竞争，那么也难以实现对资源的优化配置。通过跨行业经营，可以有效调动员工积极性和更全面为业主服务，在提高物业服务质量和员工积极性的同时，扩大物业公司的经营收入。

(3) 物业公司进入国际市场时，面对纷繁复杂的市场形态和竞争，要求物业公司必须突破原来经营单一品种的框架。为了分散经营风险，很多物业公司走上了跨行业经营的道路。跨行业、国际化虽然是趋势，但各物业公司自身状况不同，应根据实际适时地、灵活地采用物业公司发展策略。

二、跨行业经营的主要项目

物业公司跨行业经营，主要是充分利用企业资源和物业资源，开办各种类型的跨行业业务公司和经营业务，来扩大企业经营收益。主要经营项目如下：

1. 专业子公司经营

指以物业公司为依托开办各种专业子公司来组建集团公司，主要是成立与物业管理相关的如建材公司、装饰公司、房屋设备公司、清洁公司、保安服务公司、绿化管理公司、智能化设备管理公司等，形成各种业务的对外经营，来获取企业的集团化经营收益。

2. 展览展销经营

展览展销是指通过在小区或商业物业现场进行实物并辅以文字、图形或示范性的表演来展现社会组织成果，以提高组织形象、促进产品销售的专题活动。物业公司组织的展览展销可集中不同行业的同一产品，也可集中同一行业的不同产品，给业主客户提供了选择、比较、购买的机会，这为产品供应商的宣传促销节省大量时间和费用。物业公司可通过场地租赁或者销售提成来获取展览展销经营的收益。

3. 小区推广经营

小区推广经营，就是物业公司联系各种产品供应商在小区内做的一切营销活动。小区是各种产品消费的终端市场，与居民生活、工作、学习息息相关的各种商品都有迫切进入小区推广的需求，物业公司可以组建小区推广机构，联系各种有业主需求的产品供应商，在所管物业项目内进行推广，来获取产品和服务销售差价的经营行为。物业公司可以提供建材、日用品、家电家具、学习用品、环保产品、保险、旅游、学习培训项目等各种产品或服务的小区推广活动，与供应商合作并收取一定推广佣金，从而扩大公司的经营收入。

4. 社区电子商务经营

社区电子商务（ESN）是针对具有社区属性的用户、在社区网站进行的交易行为。对用户而言提供了一种更为便捷的社区在线销售方式，具有快速、高效、低成本等特点。物业公司可以利用自身的公司网站或大型小区的网站建立社区电子商务平台，为业主客户提供各种电子商务服务，从而获取电子商务交易的经营收益。

三、跨行业经营的工作程序

物业公司可根据资金实力、人才状况、技术条件、物业特点、客户需求、竞争对手等因素进行跨行业经营的策划、组织、实施、管理。物业公司可选择成立业务子公司开展跨行业经营，也可选择成立专门机构方式来进行。物业公司跨行业经营的一般工作程序如下：

1. 跨行业业务市场调查

物业公司要对公司资源、在管项目、业主需求、竞争对手、业务要求进行全方位的市场调查和研究，了解各种拟开设跨行业业务的经营可行性，撰写市场调研报告或可行性报告。

2. 企业条件分析

物业公司根据调研报告和成立各种跨行业业务经营公司或机构的技术要求，分析自身的资金资源、人力资源、技术资源、社会资源、客户资源是否符合开设跨行业经营公司或机构的要求。

3. 跨行业经营实施方案

根据公司的经营决策，一旦决定开展某项跨行业经营业务后，根据要求制定一份相应业务的有操作性的跨行业经营实施方案。方案内容包括建设进度表、公司（机构）成立流程、业务内容和类型、作业标准和行为规范、管理制度、运行机制、激励机制、监管机制等内容。

4. 成立项目子公司（机构）

根据各种跨行业经营业务的特点和资格条件要求，有计划成立具体的项目公司（机构）。成立项目子公司的流程包括工商营业执照的办理、行业执业资格的办理、办公营业地点的确定、经营人员的安排、公司管理制度体系的建设、各种营业设施设备的准备、业务人员的培训等活动的实施。

5. 确定经营项目执行计划

各个具体子公司（机构）成立后，就要制订具体的项目执行计划。执行计划是保证各种具体跨行业经营项目能否顺利实施的重要保障，项目执行计划应该包含以下内容：项目公司（机构）的建设进度表、各项工作任务的责任人和办事人员安排、产品（服务）的供应方式、岗位人员的具体安排、业务操作流程、价格管理细则、费用开支控制与预算、收入配置及利润分配、合同执行和质量监督管理等。

6. 项目子公司（机构）运营和监管

经营项目公司（机构）正式开业后，就进入日常运营管理阶段。这个阶段主要是对公司（机构）的组织管理、业务的服务质量、经营的收支管理、人员的规范化操作、风险的系统性控制、产品服务的有序供应、客户的投诉处理、合作方或供应方的沟通协调等方面进行监督和管理。具体经营项目公司（机构）可根据项目自身特点进行有关的运营和监管。

7. 项目子公司（机构）的动态管理

由于各种跨行业业务都有动态发展变化的过程，要对经营项目公司（机构）的成本、收益、风险、技术、市场需求等变化情况进行动态分析。根据动态分析的结论对项目子公司（机构）实施相应的管理，保证该经营项目的经济效益和良性发展。

第2节 专业子公司经营

一、专业子公司经营的内涵

专业子公司经营，就是物业公司根据自身资源情况和市场需求情况，成立各种专业业务子公司的经营行为。专业子公司本身就是一个独立运营的业务公司，是物业公司的下属公司，可以进行相关业务的独立运营。

物业公司可根据自身条件、市场需求成立保安服务公司、保洁服务公司、绿化管理公司、房屋设备公司、智能化技术管理公司、建材销售公司等专业子公司，开展相关业务的经营，从而扩大物业公司的经营收入。

二、物业公司开展专业子公司经营的工作程序

物业公司可根据实际情况成立各种专业子公司，其一般工作程序如下：

1. 专业子公司业务市场调查

物业公司进行专业子公司条件调查、竞争对手调查、自身资源调查、业务需求调查等，形成可行性研究报告，确定是否成立专业子公司机构来开展相关经营业务。

2. 制定专业子公司实施方案

一旦确定成立专业子公司，就应该制定具体的专业子公司实施方案。方案内容应包括如何注册公司、专业子公司业务项目设计、服务人员安排、服务项目质量标准、工作流程、管理制度等内容。

3. 注册专业子公司

安排工作人员负责注册专业子公司，获取开展专业子公司业务的行政许可。已有专业子公司营业许可的物业公司可成立专业子公司部来专门开展相关专业子公司业务。

4. 专业子公司管理

对专业子公司的办公场地、工作人员、设备工具进行准备，同时建立制度规范，对员工进行业务培训，为提供专业子公司业务做好准备。

5. 专业子公司业务推广

根据公司设计的专业子公司项目，通过各种方式进行市场推广。可以采用电话、宣传栏、网站、广告等方式进行推广，尽量获取专业子公司业务。

6. 专业子公司日常运营

获取专业子公司业务后，物业公司提供相应专业子公司活动，并开展日常运营管理。其主要内容包括业务管理、员工管理、财务管理、薪酬管理、服务质量管理、售后服务等内容。

7. 专业子公司投诉处理

提供专业子公司业务后，对客户针对专业子公司投诉进行及时协调和处理，尽量满足客户的需求和诉求，提高客户满意度和市场竞争力。

三、典型经营项目的经营分析

1. 保安服务公司

保安服务公司是在公安机关的指导下，专门为客户提供安全保卫服务的特殊企业。保安服务公司应客户要求，与客户签订合同，提供有偿安全服务，自负盈亏，保安公司是具有法人地位的经济实体。其业务范围主要有：

（1）提供门卫、守护、内部巡逻。

（2）为展览、展销、营业性文体活动提供安全服务。

（3）为客户押送现金、贵重物资和危险物品。

（4）为个人住宅提供安全服务。

（5）承担安全技术防范设备的设计、安装、维修和咨询。

（6）经销或提供各种安全技术防范设备和器材。

（7）应客户要求并有能力承担的其他安全服务项目。

随着经济的发展，物质财产日益丰富，以及城市化进程加快，居民对财产和生命的安全需求日趋强烈，这些都给保安服务公司带来机会。近年来家庭保安服务市场逐步发展，不少保安服务公司也做了很多尝试和探索，例如与地产开发商、物业公司、社区联防办以及保险公司等多方进行合作。物业公司成立保安服务子公司后，可以为自身所管物业提供保安服务，也可以为其他物业公司所管物业项目提供保安服务，同时也可向业主客户和社会企事业单位提供各种保安服务，从而获取公司的保安服务经营收益。

2. 保洁服务公司

在商业保洁中，保洁服务更多的涉及楼宇大厦、物业小区、学校、医院、工厂、街道、建筑物外墙等各种建筑物；环境的卫生清洁和保持，已经从“保持室内清洁”扩展到“保持环境清洁”这一更为广泛的概念。保洁服务更扩展了如室内外空气消毒、虫控（害虫的控制）服务、空气净化、河道清洁等一系列的服务内容，为人类的生存环境和卫生清洁提供着有效的保障。保洁服务公司的业务范围已经不再限于原来单纯的为顾客清清垃圾、搞搞卫生等，而是为顾客创造一个安全宜居的生活环境。

随着建筑物内部装修向高档化、复杂化、人性化方向发展，大量昂贵的装饰材料和配套设施得以广泛应用。由于人为和自然的因素，也极易受到污染，所以无论是建筑物外部的清洗还是内部的保洁，都是传统清洁方式所不能满足的，都需要专业的清洗保洁服务。伴随经济的发展，城市建设的加快以及人们对于高质量生活的追求，使得专业的清洗保洁服务日益受到关注与青睐。

物业公司利用自身资源及技术条件成立保洁服务子公司后，在为自管物业提供保洁服务的同时，为家庭保洁、企事业单位保洁、其他物业公司所管物业项目保洁提供相关保洁服务，从而获取保洁服务经营收入，提高物业公司经营效益。

3. 绿化管理公司

绿化是指栽种和维护植物以改善环境的活动。绿化包括国土绿化、城市绿化、小区绿化、四旁绿化和道路绿化等。绿化可改善环境卫生并在维持生态平衡方面起多种作用。绿化管理公司是依靠其他部门的配合和社会参与，依合同对委托项目的各种绿地、林地、花草树木等进行建设、养护和管理，并收取约定管理服务费的专业公司。

物业公司根据自身条件成立绿化管理子公司，可提供以下主营业务：小区绿化方案设计，草皮与植物日常绿化养护管理，花草、树木的销售，绿色植物室内租摆业务以及鲜花配送；可对厂区、建筑物公共部位、室内等景观绿化进行专业养护及指导服务，同时也为建筑物提供花草租摆服务。还提供灭蟑、灭鼠、灭蚁、灭蚊等服务，可根据物业特点设计专门的灭四害和消毒方案。物业公司可为企事业单位、物业项目、家庭提供双方协定的园林绿化服务，从而获取必要的服务收入。

附：

小区保安服务分包合同

甲方：上海××物业管理有限公司

乙方：上海×××物业管理有限公司

根据有关法律法规，甲、乙双方经过友好协商，就甲方委托乙方负责××市××区××小区保安事宜，达成以下协议：

一、甲方现将××小区保安工作交由乙方负责，乙方在甲方的具体工作区域由甲方根据工作实际进行安排、调整。

二、协议期限为×年，自××××年××月××日起至××××年××月××日止。

三、乙方的服务内容

1. 接受甲方委托，提供保安服务，服务标准以甲方物业服务标准及甲方要求为准。

2. 乙方应当根据甲方对期限及人员要求，按时委派工作人员至甲方处，由甲方安排具体工作。

3. 乙方应向甲方委派的工作人员共计××人。其中：男性××人，女性××人。具体岗位及人数详见附件一。甲方有权安排并有权调整具体岗位工作人员。

4. 对于委派至甲方的工作人员，乙方未经甲方同意，不得调换。对不符合条件的乙方工作人员，甲方有权要求乙方调换，乙方应当在甲方要求之日起三日内委派新的工作人员。

5. 乙方应保证所有服务人员用工的合法性，为所有服务人员办理合法的用工手续，并按国家和本市的有关规定办理有关福利待遇。

四、服务费用

1. 每月为人民币×万元（大写：×万元）。其中，该服务费的××%为服务人员的报酬。前述费用包括服务费、人员报酬、福利待遇、材料费、税费等乙方完成本合同约定的安全服务所需的所有费用，除此之外，甲方不再支付其他任何费用。

2. 支付

(1) 支付方式

为保证××小区保安工作的正常、不间断进行，本协议服务费用必须确保首先用于支付乙方委派的工作人员报酬，不被挪用。为此，双方同意，本协议服务费用中服务人员报酬的支付，采取由甲方代乙方直接支付给乙方委派的工作人员的方式。

(2) 支付期限

甲方应当按双方确定的各工种服务费用标准，在每月五日，将上月服务费中服务人员的报酬代乙方直接支付给乙方委派的工作人员。并同时将剩余的服务费支付给乙方。甲方向乙方支付服务费的同时，乙方必须提供正规发票，否则，甲方有权拒付服务费。

乙方与其委派的工作人员之间的劳动报酬等，由乙方与其工作人员自行另行结算。

五、双方的责任

1. 甲方责任

(1) 甲方应当按期支付相关服务费用。

(2) 甲方应当为乙方工作人员的工作，提供必要的安全卫生设施。

2. 乙方责任

(1) 本合同签订之日起三日内，乙方必须将拟派驻的全部安全管理人员名单、身份证明、学历证书、体检证明等材料按甲方的要求送交甲方审核，甲方审核通过后，方可上岗。

(2) 乙方应当委派符合甲方要求条件的工作人员，并负责在委派前对其工作人员进行岗前教育、培训，告知甲方的各项管理制度和该小区的相关物业服务要求。

(3) 乙方负责其委派的工作人员的社会劳动保险、发生伤亡事故的处理和赔偿以及管理工作。在本协议期内，无论乙方委派的工作人员是否在工作岗位发生伤亡、疾病等情况的，均由乙方承担责任，甲方概不负责。

(4) 乙方应负责对其委派的工作人员进行安全生产、职业道德、法制教育，严格要求所有工作人员遵守甲方的各项管理制度。

(5) 乙方委派的工作人员应当遵守甲方的各项管理制度和该小区的物业管理服务要求，文明服务。乙方委派的工作人员在服务期间，应当接受甲方的管理。

(6) 乙方工作人员不得擅自脱岗。

(7) 如甲方因特殊情况，需临时增加保安人员的（服务期限在7天之内的视为临时加派），乙方应按时加派。临时加派保安人员的费用已包含在本合同价款中，甲方不再另行支付。

(8) 乙方工作人员的工作，不得妨碍甲方办公及甲方的工作，当遇甲方办公及甲方工作与乙方保安冲突时，以前者为准。

(9) 乙方须对其委派的工作人员行为负责，凡因乙方工作人员未尽职责或其他行为导致甲方或甲方工作人员的人身、财产受到损害的，均由乙方承担责任。

六、其他

本协议履行期间，甲方有权提前十日通知乙方而终止本协议，协议终止后，双方按本协议约定的服务费用标准结算，应当支付乙方委派的工作人员的服务费由甲方直接支付给乙方工作人员。双方互不承担其他责任。

七、本合同履行过程中，如发生争议，应协商解决，协商不成，任何一方可向甲方所在地人民法院起诉。

八、任何一方违反本协议约定，均应当按国家相关法律、法规承担违约责任。

九、未尽事宜由双方共同协商解决，另行签订补充协议。

十、本协议自双方盖章之日起生效。本协议一式两份，甲、乙双方各执一份。

甲方签章　　　　　　　　　　乙方签章

第3节　展览展销经营

一、展览展销经营的特点和作用

展览展销是指通过实物并辅以文字、图形或示范性表演来展现社会组织成果，以提高组织形象、促进产品销售的专题活动。展览展销会有大量的公共关系内容，是各社会组织力求塑造最佳组织形象的好机会。展览展销是一种十分直观、形象生动的复合型传播方式。展览展销会可为社会组织和业主客户提供直接的双向交流、沟通的机会。它可以同时用产品说明书、宣传手册、活页广告等文字媒介，照片、幻灯片、录像片及电影等音像媒介，讲解、交谈和现场广播等声音媒介，现场表演、示范等动作语言媒介以及实物媒介等多种形式，进行全方位宣传。

1. 展览展销的特点

（1）综合运用多种传播手段，能给观众留下深刻印象

展览展销会上既有面对面的交谈、讲解，也有文字材料，还有图片、幻灯、录象带等影视资料。多种传播手段的结合，能给观众留下印象的深刻。

（2）沟通、宣传效果好

展览展销通过直观的实物、精致的艺术造型、亲切动人的解说、悦耳的背景音乐，营造出一种绝佳的宣传环境。在这种环境中，组织与业主客户最容易沟通和交流。

（3）效率高，省时省力

展览展销可集中不同行业的同一产品，也可集中同一行业的不同产品，给业主客户提供了选择、比较的机会。这为组织的宣传促销节省大量时间和费用。

（4）深受新闻媒介关注

展览展销属于综合、大型的社会活动，是新闻媒介关注的焦点。因此，展览展销往往会成为传媒采访的热点，对提高展览组织的知名度和美誉度有很大的帮助。

2. 展览展销的作用

（1）促进业主客户对组织的了解

展览展销会上各个组织对自己特色、成就等的介绍，有利于业主客户对该组织做深层次的了解。

（2）促进产品的销售

展览展销也是一次商品广告会，各组织届时都会展出自己最好的产品，从而促进组织产品的销售。

（3）促进信息的交流

展览展销时，组织间通过信息交流，能够迅速掌握行业最新动态和业主客户心理，为制定政策提供依据。

物业公司可以利用物业项目和客户消费资源，联系各种产品（服务）供应商开展各种社区展览展销活动，从而获取展览展销服务费或展销提成，扩大物业公司的经营收入。物业公司一般可开展汽车展销、建材展销、服装展销、家具展销、家电展销、旅游产品展销、花卉展销、生活用品展销、粮油展销、年货展销等展览展销活动。

二、物业公司展览展销经营的工作程序

无论物业公司开展哪种类型的展览展销经营，其一般工作程序如下：

1. 展览展销市场调查

展览展销活动将耗费大量人力、物力、财力，要对其进行客户需求、产品供应、供应商情况进行调查并进行可行性进行研究，写出可行性报告。

2. 确定展览主题和子标题

在复杂的展览内容中，首先要明确一个基本的主题，作为全局的纲领。其他子题目，必须围绕主题进行，目的是给业主和客户留下一个鲜明、深刻的印象。

3. 确定展览展销类型和参展单位

确定展览展销类型为室内或露天，大型或小型；确定参展单位为专题类或综合类，同类或不同类。

4. 明确参观者的类型

参观者有专业型和参观型之分。通常准备两套解说词：对参观型，解说词要通俗易懂；对专业型，介绍的资料应详细和深入，学术性要强。

5. 建立新闻媒介联络机构

其主要工作是对外发布新闻，与新闻界联络，挖掘展览展销的新闻热点和亮点，写作新闻稿件。

6. 做好工作人员的培训

解说员、接待员、服务员的工作质量，直接影响到展览展销的质量和效果。必须对其进行现场培训，熟悉工作和环境，能应付各种特殊情况。

7. 编制展览展销预算

一般情况下，展览展销预算包括 7 项：场地费、设计费、人工费、联络和交际费、宣传费、运输费、保险费。预算要留有余地，防止突发事件的产生。

8. 开展具体展销活动

进行展览展销场地安排、参展商对接、展销合同签订、展销产品进场、市场推广、展销收入分配管理等。

三、展览展销经营分析

1. 功能性分析

展览会与展销会的功能表现在品牌宣传与市场运作，都是促销商品和传达信息。展销有助于把产品信息从生产者传递给消费者，这种行为对于参展企业来说是必要的。组织展览会与展销会的一个主要目的就是将不同层次，不同种类，不同企业，不同国家和地区的产品汇集在一起，向参观者进行展示和销售。在资讯传媒无处不在的时代，市场信息获得的快慢无疑是影响企业经营好坏的一个很重要的因素。为了避免企业产品出现滞销的危险，掌握先人一步的市场信息尤为重要。另外，以静态为主的展会也能给企业提供许多有用的信息，没有实力的经销商是不能完成上述工作的，展览会的功能性能够为企业在短时间内完成对中间销售商选择和确定，为企业争取各种机会。社区或小区展销会则在企业产品与产品终端消费者的接触中提供了方便的销售平台。

2. 服务性分析

展览会与展销会服务性明显。展览展示与市场营销，都是面向专业观众和普通观众。专业观众特指加盟商、代理商、批发商和零售商，他们是展览会的重要参与者，同时也是参展企业关注的焦点。展销会是面向业主客户的展会，参展的产品对于广大消费者而言，要么产品新颖难得，要么价格比较优惠，特别是名牌产品的断码、过季的尾货，更能产生现场销售高峰。展览会与展销会都是为展商服务，提高服务质量是成功举办每一届展会的关键。开展前的广告宣传工作，邀请专业买家，非常重要，特别是展销会，针对住宅小区开展有针对性宣传至关重要。对中间商来说，找到好项目事半功倍；对参展企业而言，适合的专业观众是企业市场营销成功的决定要素之一。

3. 市场性分析

展览会与展销会市场力度明显，都是以招商及产品销售为目的，以品牌推广为目的，以推动行业发展为目的，创造需求，制造机会，吸引人气。不论是产品中间商，还是产品终端消费者，都是企业关注的核心，所有的市场行为都围绕这两个主题进行。以产品中间商为核心提供市场支持与销售支持，如：地区独家代理制，产品有奖销售制。

4. 现场性分析

展览会与展销会市场现场效果明显，都是以营销需求为目标，以外部市场环境为目标，以企业内部条件为目标，确定主题，缩定观众，设定切实可行的展会目标。按展会规模分：

展览会可分为国际、国家、地方展以及单个公司的独家展，在最短的时间和空间里，为各自商业利益寻找商业机会，其结果是用最少的成本获得最大的收益。展销会按举办地点不同，可分为场馆展销会，场地展销会和地区展销会，地点选择与客户选择达到完美统一。交通、天气都会影响展会效果。展览会现场互动明显。行业龙头企业会影响和提升本次展会的关注程度，品牌龙头企业会影响和提升行业的关注程度。展销会现场互动明显，知名企业产品会扩大销售，企业折扣产品会扩大销售，活动促销产品会扩大销售，全线产品展商可扩大销售，也可利用单线产品展商带动销售。

5. 效果性分析

展会展销都是以寻找代理商与终端销售为最终结果，以信息集中，理念创新，运作专业，识别潜在客户，打造跟进问题为工作主线。产品中间商与企业的销售团队区别明显，市场侧重也有不同。实力不同的中间商会在展览会中成为企业考察的重点，能否带动地区产品销售，是企业参加展览会的主要目的之一。行业市场动态在展会上会有不同表现，会在观众人数中表现，会在现场洽谈中表现。对没有质量的展览会与展销会企业不会参与，观众都不会考虑。

物业项目，特别是大型住宅小区是各种产品消费的最有效终端平台，物业公司联合各产品供应商开展展览展销活动，一方面可以满足业主的消费需求，另一方面可以为物业公司和供应商带来巨大的展览展销经营收入。

附：

汽车展销协议范本

甲方：××市××物业服务有限公司（以下简称甲方）

乙方：××市××汽车贸易有限公司（以下简称乙方）

甲、乙双方就租用甲方场地开展产品推广活动事宜达成以下协议：

一、租用期限：2012 年 6 月 15 日至 2012 年 6 月 30 日，共 16 天。

二、租用方式：甲方将位于××步行街指定推广位置（临时）租赁给乙方。具体位置详见附件。

三、付款方式：甲、乙双方签订本协议后，乙方即日将租赁费人民币 6 000 元整付给甲方作为本次费用。

四、双方权利和义务

甲方权利和义务：

1. 甲方必须尊重乙方合法权益，原则上不干涉乙方的正当推广活动。

2. 甲方在乙方执行活动期间，提供相应的保安措施，如乙方活动发生问题，需甲方协助解决时，甲方给予配合和协助。

3. 甲方不负责活动期间乙方的产品安全。

乙方权利及义务：

1. 乙方在甲方场地做推广活动前，必须提供营业执照及有关证件给甲方备案。

2. 乙方必须根据协议按时支付推广位置租赁费予甲方，若乙方付款逾期，甲方有权立即终止本协议。

3. 乙方可在租赁推广位置进行本公司系列产品展示，在甲方指定范围内可派发本产品宣传资料。

4. 乙方在甲方租赁位置推广时，必须执行甲方规定的推广营业时间（早10：00至晚9：30），如不执行上述营业时间，第一次口头警告，第二次作自动违约处理。

5. 乙方保证在甲方场地推广销售期间，产品在离开甲方时，必须由乙方出示委托书后才能离开，否则甲方不予放行。

6. 乙方应妥善保管好自身的财物，若损坏或遗失，甲方有权不负所有责任。

7. 乙方在甲方指定位置展示汽车时，如甲方需要收回协议书指定场地，乙方应当配合撤场。

五、补充说明：如乙方需要增加推广活动，经甲方同意，可在指定时间位置进行推广活动。但涉及增加费用问题时，双方再协商。

六、如乙方无违约行为，协议期满后，在同等条件下，乙方享有优先续约权。

七、本协议在履行中如发生争议，由双方协商解决。

八、本协议正本壹式贰份，甲、乙双方各执壹份，经双方授权代表签名并加盖双方单位公章之日起生效，双方应自觉遵守，共同履行。

甲方签章　　　　　　　　　　乙方签章

第4节　小区推广经营

一、小区推广的内涵

所谓小区推广，就是针对新建商住楼盘的一系列策划、宣传、促销活动。一切有利于吸引小区业主注意力，提升品牌形象，达成购买行为的方法均可以纳入小区推广的范畴。如电梯广告、派送单页、横幅或巨幅悬挂、交楼庆典秀、现场咨询、家饰课堂、免费设计、免费铺装、有奖让利、买赠等。小区推广活动是针对目标消费群短、平、快的策划推广手段。如果说企业文化建设、企业体制建设、品牌发展规划是战略层面的内容，那么，小区推广便是支撑企业实现战略规划的有效战术之一。物业公司开展小区推广经营，就是物业公司与各种产品供应商签订小区推广合作协议，联合进行小区推广业务，在满足业主客户消费需求的同时，物业公司和产品供应商共享销售收益的行为。

商家与物业公司要实现小区推广销售的实效性，首先要做的就是收集小区的基本情况，包括物业信息、小区户数、房屋均价、正在装修户数、业主的平均购买能力等，接下来就要分析如果通过最有效的方式进行推广的话，那么这个小区能够带来多少销量，投入多少费用值得去做这件事情。第二步要做的事情，就要分析自己的产品特点，分析哪些人是品牌购买者，哪些人是产品购买者，分析自己的产品通过什么样的方式能够更容易被小区中的大多数人接受。这个第二步是决定小区推广成功的决定性因素，也就是说你的产品定位跟小区中的大多数人的消费需求是否一致，采取怎样的推广方式，更容易被大多数人所接受。只有明确了产品定位，才能找到小区推广跟业主沟通的切入点，只有正确的切入点才能为成功的产品销售打下基础。第三步要做的事情就是在确定切入点的基础上，确定推广的方式和开展活动的时间，这里面需要考虑的因素很多，推广形式的选择，促销内容的确定，广告信息的发布以及促销人员的话术、影响业主购买行为相关人群的沟通等，都是要考虑的方面。

二、物业公司开展小区推广经营的工作程序

物业公司无论开展哪种产品的小区推广活动，其前提都是找到合作的供应商，签订合作协议，然后参照以下工作程序开展工作。

1. 小区推广调研

小区调研是小区推广成败的关键一步。一个成功的小区推广没有前期的辛苦调研，就盲目筹划开展，其实施阶段必定漏洞百出，问题多多，最后追悔莫及。只有对目标小区进行信息收集，了解小区实际情况，才能为小区推广提供决策依据，成功打响社区营销战。小区调研的工作重点主要有以下四点：

（1）将小区进行片区划分，不留死角，分工明确。

（2）推广专员进行市场走访，取得第一手资料。

（3）将所得信息填写调研表。

（4）小区调研总汇分析，判断小区推广的必要性和顺序。

2. 小区推广计划拟定

任何一次战斗，作战计划都是至关重要的，任何一个小区推广，其实施计划也是同样重要。制定一份详细的小区推广策划案能够帮助企业轻松地落实小区推广的目标，是成功的一半。尽管计划并不能保证小区推广的成功，但是没有计划，小区推广一定会存在问题。拟定小区推广计划的关键主要有如下三点：

（1）小区分类。将小区资料进行分类盘整。

（2）拟定推广方案。拟定具有针对性的小区推广方案。

（3）按照季度制定小区推广计划汇总表。

3. 小区推广实操筹备

小区推广计划拟定后，便要进入实施阶段，但在实施前，一定要做好实操筹备，包括广告、物料、人力和谈判接洽等筹备工作。具体内容如下：

（1）楼盘洽谈及确认，选定楼盘了解实际情况，与物业洽谈。

（2）签署协议，与物业签署活动协议书。

（3）事先培训，进行统一说辞、推广流程及注意事项等方面的培训。

4. 小区推广活动实施

只有付诸行动去实施，才能使小区推广计划具有现实意义。小区推广实施的关键点主要有小区广告及礼品传播、买赠或者让利促销、人员一对一沟通、展位宣传、路演、小区团购和样板房征集。

5. 活动评估与总结

人类总是在不断地总结经验，有所发现，有所发明，有所创造，有所前进。同样，小区推广评估与总结也十分重要，其目的是总结成功的方法，同时也反省不足的地方，以使下一次的小区推广活动更加成功。小区推广评估和总结的关键点是：对小区推广进行总结评估，填写活动效果评估表；对意向客户进行跟踪回访，促进购买。

三、小区推广的经营分析

1. 目前小区内推广主要存在问题

（1）单兵作战式的业务人员扫楼

这种业务人员通常为经销商员工，基本素质不高，没有经过系统的产品知识培训，对企业品牌认知度不高。经销商通常对其采取低底薪高提成的方式进行激励，日常没有管理放任自流。这种小区作业模式的最大优点就是成本投入不高，但是对厂家的品牌伤害很大，业务人员不能为业主提供增值服务，为了追求短期的销售提成很可能采取死缠烂打、软磨硬泡的方式进行产品推销，从而导致业主的反感，甚至会出现业务人员乱承诺、瞎宣传等欺骗业主的行为。

（2）在小区内进行堆头展示促销

这种推广模式通常在小区开盘业主前来拿钥匙时，经销商发放产品优惠券或提供产品试用，以此吸引业主在装修时采购本公司产品，同时在装修集中阶段进行大折扣的让利从而形成销售。这种模式没法形成长期的品牌宣传，活动一旦停止则很容易被竞争对手趁虚而入，如果现场展示物料太多，很可能会因为推广人员的执行不到位导致现场展示不规范，从而影响公司长期努力建立起来的品牌形象，毕竟对业主来说，“耳听为虚，眼见为实”。

（3）在小区内设置小型的零售网点或提供样板房

相对而言，这种推广模式比较稳定，能够为业主提供产品的品牌宣传和产品服务。小型零售网点就是公司的一个窗口，不光承载了小区内的部分销售职能，更能够为业主提供品牌、产品咨询服务，同时还能让业主亲身体验公司产品。这种模式的一点不足就是对导购人员的管理和激励，小型零售点或样板房往往承担了更多的宣传作用，业主通过小店了解大店，最终的购买往往会去大店，所以导购员的积极性不高，如何制定有效的激励机制是解决这个问题的关键。

（4）在小区内发布品牌（促销活动）广告

物业公司或商家委托广告公司在小区的显要地段制作一些广告牌，然后再以适当的价格把这些广告牌出租给产品厂家。这种硬广告的宣传形式，如果是不同的产品还能够起到一点效果，如果是同样的产品不同品牌集中投放的话，显然效果会大打折扣。作为产品厂家，应该避免这种短兵相接的硬广告投放，积极开发小区内其他广告资源，如公益指示牌、楼层贴、电梯广告等。

2. 360°全面小区推广

小区推广作为终端前移的一种形式，在第一时间实现了对业主的现场拦截和信息输出。成功的小区推广，不仅能够进行公司的品牌宣传，更能够直接形成垄断性的小区销售。那么怎样才能使自己的品牌深入人心得到业主的认可呢，显然，简单平面的推广已经无济于事，在一个具有开发潜力的小区，进行360°全面推广势在必行。

（1）小区的选择与方案制定

作为产品经销商首先需要对小区信息进行收集，选择那些具有开发潜力的小区作为即将开展全面推广的重点小区。具备开发潜力的小区主要从小区总体户数、楼盘售出率、集中装修时间、楼盘均价、小区所处位置、开发商实力、物业公司的知名度等几个方面进行评估。确定了作业小区以后，就需要针对小区的实际情况制定可行性的推广方案。在制定方案的过程中，首先要确定的是小区推广活动的作业时间，一般选择在集中装修时间的6个月内进行。接着就要针对小区的实际情况确定推广活动主题及阶段性重点工作。针对不同档次的小区，可以采取不同的主题促销，低档小区通常以低价、赠品等方式为主；高档小区则采取产品现场体验，上门安装设计等方式。针对小区装修的时间延续性，制定出集中装修时间前一阶段和后一阶段的差异性推广重点工作，前一阶段以品牌推广和促销让利为主；后一阶段以免费送货安装，开展装修房展示和业主意见反馈宣传为主，以达到口碑传播的效果。最后在方案中要明确参加推广活动的人员名单与考核激励方案。制定了活动方案以后，经销商要做的事情就是整合资源，以最少地投入取得最大的推广收益。经销商需要把方案向厂家申报，从而得到厂家人员、技术、物料、费用等方面的支持；同时，与小区物业建立良好的客情关系，保障在推广的过程中一路绿灯，在物业的支持下将推广的深度做到淋漓尽致。

（2）基础建设与人员培训

360°就是要从各个环节无孔不入地实现推广规模的最大化，这种模式的表达公式是：360°全面推广＝小区零售网点（样板房）建设＋主干道产品堆头展示＋小区广告投放（硬广告、公益性广告）＋DM单页发放（信箱投递）＋业务人员入户拜访＋手机短信渗透＋业主论坛炒作。在开展小区推广初期阶段，经销商应该快速完成此项工作的基础设施建设，重点是小区零售网点的建设与广告投放。小区零售网点的建设要求选择靠近小区正门入口的门面房，面积选择在20～30平方米，租期6个月，装修时尽量采用可移动式的柜体方便拆卸。在产品展示的选择上应该以公司的新品和畅销品展示为主，强调本公司产品与其他品牌之间的差异突出本公司产品卖点，同时店内留有足够的空间进行品牌形象LOGO展示和产品资料的宣传。小区广告主要通过以下几个方面进行投放：小区硬广告，包括小区内立牌、路灯旗杆、电梯广告等；公益性广告包括门卫使用的太阳伞、楼层贴、邮政编码指示牌、公共设施及草坪提示牌、停车场指示牌以及高档小区制作的业主入住指南；联合售楼处播放企业宣传短片，小区内悬挂企业恭贺业主乔迁条幅。当然，此处的基础设施建设还包括短信平台的组建及常规性推广物料、宣传单页的准备。在完成了基础设施建设以后，经销商需要对参加本次作业的人员进行系统深入的培训，培训内容主要包括本次小区推广活动内容、执行标准以及考核措施，邀请厂家业务人员再次进行产品知识培训，并组织业务人员进行入户拜访演练。只有经过培训考试合格后，业务人员才能正式操作本次活动。

（3）推广过程监控与修正

在进行小区推广的过程中，经销商需要加强对各环节执行人员的考核管理，以免出现纰漏。指定一名总负责人，负责推广各项工作的管理。在物料的管理上，保障在作业期间内，零售网点的正常运行不受影响，堆头展示的物料不受损坏，各类广告信息按约定得到有效输出；在人员管理上，以日报表的形式进行信息反馈，主要报表信息包括《业主信息登记表》和《水电工信息登记表》，通过这两张表格检验业务人员的工作状况。在进行推广的过程中，常常会受到突发因素的影响，使得工作无法按计划进行开展，此时就需要执行本次活动的负责人能够临机决断，及时地调整作业的方向和策略。再完美的方案在执行的过程中都会碰到各种各样的问题，小区推广的最终成绩取决于团队的战斗力和作业人员的综合素质。如何调动业务人员的积极性，能够主动热情地进行入户拜访和产品推销，这才是360°全面推广的核心。

（4）推广活动的总结与后期跟进

业务人员通常分为两种类型，一种是市场开拓型，一种是市场维护性。进行360°全面小区推广，当小区推广开拓人员结束战斗撤离小区的时候，市场维护人员就要对开拓人员开拓出来的客户及时进行电话回访，及时开展市场业务。小区的全面推广不是一朝一夕的事情，乐于“啃骨头”的经销商，才能真正把每一个小区做深做透。每一位业主与你擦肩而过的时候，或许正是由于你的不理会，你丧失了一次成交的机会。

3. 物业公司开展小区推广的经营项目

物业公司可联合各种产品供应商进行在管物业项目的消费需求调查，签订合作协议，实施小区推广经营项目。具体可根据消费需求和合作意愿开展饮用水、牛奶、定制家具、花卉、超市购物、旅游产品、培训项目、日用品、家装、家电等各种生活、学习、工作、休闲产品的小区推广经营活动。

附：

小区推广合作协议范本

甲方：××物业管理公司

乙方：××公司

为密切××小区物业管理公司与业主的关系，帮助业主解决安装空调的后顾之忧，经双方友好协商，××花园（小区）物业管理公司与××公司达成在××小区开展“新家新空调　空调请选××”的推广销售活动。具体内容如下：

1. 从××××年××月××日起至××××年××月××日期间，甲方允许乙方在××小区内开展“新家新空调、空调请选××”的推广销售活动。

2. 乙方需提供活动方案和现场布置图给甲方确认，经批准后即可在小区内布置宣传物料。甲方指定活动联系人，乙方与甲方指定负责人联系。

3. 乙方可以在以下位置粘贴和悬挂广告：大门口和售楼部悬挂条幅2～5条，中心广场设置广告帐篷、广告伞、背景板等，楼内每层贴一张楼层提示帖，主要干道插活动旗帜10～20面，视情况进行小型的大学生健美歌舞表演，向业主派发活动报纸或宣传单页、宣传栏/楼梯口/电梯内张贴海报或喷绘画等。

4. 乙方保证以上布置标准美观，不损害小区形象，不破坏小区已有设施和不打扰业主。乙方在活动期间应注意保持活动现场的环境整洁，不得乱扔垃圾，不得大声喧哗，现场歌舞表演应不超过晚上21点30分，活动完毕后及时清理现场。

5. 活动期间乙方需向甲方交纳管理费合计为××元（其他交纳费用的形式为：阶段性活动可为×元/次，销售提成形式为××元/台，根据实际售卖的数量结算）。

6. 甲方在活动期间应积极配合，协调好内部关系，其他人员不得无故刁难和打扰活动的开展，乙方也尽力配合甲方的有关规定，使活动能顺利进行。

7. 甲方为乙方提供物料存放室一间，用于活动物料的存放。

8. 未尽事宜，双方可友好协商解决。本协议一式两份，双方签字盖章有效，各执一份。

甲方（盖章）：　　　　　　　　乙方（盖章）：

代表人签字：　　　　　　　　　代表人签字：

日期：　　　　　　　　　　　　日期：

第5节　社区电子商务经营

一、社区电子商务经营的内涵

电子商务通常是指在全球各地广泛的商业贸易活动中，基于浏览器/服务器应用方式，买卖双方不谋面地进行各种商贸活动，实现消费者的网上购物、商户之间的网上交易和在线电子支付以及各种商务活动、交易活动、金融活动和相关的综合服务活动的一种新型的商业运营模式。电子商务是利用计算机技术和网络通信技术进行的商务活动。社区电子商务是指针对具有社区属性的用户、在社区网站进行的交易行为。对用户而言提供了一种更为便捷的社区在线销售方式，具有快速、高效、低成本等特点。社区电子商务，按字面意义理解：针对具有社区属性的用户、社区网站进行的交易行为。用户黏性高、规模大；用户群体区分明显；用户之间的沟通交流多，因此相互之间信任度较高，网络社区的这些特性具备了交易行为的重要因素，人们相信社区天然的具备电子商务的良好发展空间，在国内社区论坛的使用率和普及率较高的基础上，社区电子商务成为一个被认为具有广阔发展前景的营销产业。

二、社区电子商务系统构成

社区电子商务的出现，为社区提供了一个让物业服务企业与社区居民、社区居民之间沟通与交流的数字化平台，在此之上减少物业纠纷，促成气氛和谐。社区电子商务一般分为5个子系统，即网上物业服务子系统、客户关怀子系统、门户网站子系统、社区交流子系统和电子商务子系统。

1. 网上物业服务子系统

这个系统主要是为业主提供在线物业服务。

（1）无纸化账单

提供在线账单查阅的功能。业主通过实名认证的账户密码登录至服务子系统，即可查到相关账单，并可以导出并打印功能。

（2）在线支付功能

可以足不出户支付相应费用，让客户免于集中缴费排队之苦，为业主生活提供方便。

（3）常规性公告发布功能

物业服务企业通过小区网站及时发布各类物业管理信息、通知公告信息，同时，将各类物业管理办事指导、流程指引、应急电话及法律法规等定期发布，方便小区居民在家通过网站了解清楚后再前往办理，省时、省力。

（4）在线咨询与建议

通过社区电子商务平台提供的咨询及建议收集系统，及时收集并在线回复居民提出的各类问题。同时，通过与小区居民在线即时信息或语音通信，了解居民需求，促进彼此交流与沟通，提高办事效率和客户满意度。

（5）在线投诉及保修

传统的电话报修在操作上虽然比较方便，但在流程上难以形成规范的跟踪记录，容易出现数据丢失的情况，并不易搜索查找，数据也不能进行分析。而在线投诉报修功能，结合物业内部系统的保修及投诉模块关联，提供完整的流程处理过程，从业主在线提交、到系统自动转入后台，再到派工单打印，派工、上门解决处理、完工内容填写、后续回访，业务的各个环节均可在居民家庭网站及物业软件系统内双向显示。

（6）网上增值服务业务

随着互联网的快速发展及居民法制意识的普及与增强，物业增值服务项目的收益分配越来越受到更多的挑战，而在如今的大环境下，拓展盈利模式、降低运营成本是物业人不得不思考和解决的问题，此时，数字化社区应运而生。

2. 客户关怀子系统

诸如节日问候、生日祝福、周年纪念、服务回访、业务跟踪等，让业主能随时感到物业服务公司的关怀，提高客户满意度。这些业务可以通过手机短信群发平台，电子邮件服务平台，在线咨询与问答平台和在线调查反馈平台完成。

3. 门户网站子系统

以往物业服务企业的门户网站系统大都是突出其外观精美，主要是针对企业的形象宣传和品牌展示，往往忽略了与业主的互动功能，这样的网站，很难让人有再度浏览的想法。而电子商务平台突出与业主的交流互动，并联合多方：物业、业主、商家等进驻平台。主要有以下门户网站平台：

（1）物业服务公司网站

展示物业服务企业的形象和信息的同时，提供新闻发布与展示功能，第一时间传达企业管理资讯。这是物业服务公司对外展示其品牌与形象的窗口，社区电子商务平台可采用适当的方式完善、美化。

（2）小区网站

小区门户，全面展示小区信息、物业信息、小区居民沟通与活动等信息。小区网站是物业管理与小区居民沟通的平台，也是小区居民自由交流、交往的生活平台。

（3）居民家庭网站

家庭网站是小区居民的个人隐私门户网站，既能让每个家庭及时查询物业对账单，查看物业投诉、报修、咨询、建议的发布及处理情况反馈等，同时也能及时接收物业管理处发布的相关紧急通知、管理公告等。

（4）小区商家网站

小区的每个商家在网站上有一个网上商铺。可以面向社区外进行招商，但要有严格的审核把关过程，要把客户利益放在首位。商家通过网站向小区居民自由发布各类促销资讯，展示并在线销售商品。

4. 社区交流子系统

这个系统主要是提供社区交流，助推和谐社区建设。构建和谐社会从和谐社区开始，在有效的范围内深入沟通与交流，加深、加强彼此之间的熟悉和理解。这一系统主要包括论坛、博客、圈子等。另外还有社区交易交换等分类信息，如：家政、餐饮、车辆、学习等社区分类信息，及易物交换、跳蚤市场、二手买卖等。这里的社区交易信息基于本小区，参与的人均是小区邻居，无需物流且拥有极强的信任基础。

5. 电子商务子系统

这个系统主要是开拓物业服务公司经营收益的主要渠道平台。电子商务是社区电子商务平台中极为重要的一个环节，也是让物业服务公司持续投入运营社区网站的源动力。

（1）网络广告管理

基于小区商家的网络广告投放与展示，提供各类网络广告发布、管理、费用计算、展示次数及点击次数统计与分析。给商家提供展示平台同时，为企业创造更多价值。

（2）网上房屋租售代理

为物业服务公司提供网上房屋交易信息收集、分类、跟进及佣金计算等各类服务，配合网站即时通信系统，快速联系客户并促成生意成交。与物业合作对于客户来讲是最为放心的，抓住客户的这种心态，去开展房屋租售物业代理。

(3) 网上商品投放

为小区商家提供集资讯、产品发布与展示、在线订购、在线支付、配送管理等诸多功能与一体的小区网上店铺。

(4) 网上跳蚤市场

基于小区的物品交易、交换集市，注重网络沟通、当面交易。只要能以业主利益为出发点，什么样的服务都是可以展开的。

由此可见，社区电子商务将最终形成一个网络社区文化大环境，使得物业服务企业有机会借助互联网这一有力工具，提升自身品牌与形象、提高工作效率、增强与居民沟通了解，为建设和谐社区做出贡献。社区电子商务的引入，拓宽了物业服务企业的盈利渠道，创新了其盈利模式，通过增值服务和网络营销、网络广告等渠道提升企业的盈利能力。

三、典型社区电子商务项目的经营分析

随着互联网在中国的逐渐普及，网民数量以惊人的速度在增长。网络在人们生活中的位置已由以往的信息渠道，转化为一种生活方式，网络购物也由此应运而生。网络购物有很多优势：首先是便宜，由于省略了许多中间环节，网上购物比传统渠道购物要便宜20%～30%；其次是方便，足不出户，轻点鼠标，所购商品就能送到家里；再次是品种齐全，网上可以买到几乎所有商品。所以说，网上购物又省钱又省力，坐在家里就能购遍天下物。网上购物行业近年来发展异常迅猛，已成为人们的一种消费时尚，并且大有赶超传统消费习惯的势头。然而，由于购物习惯、诚信、送货费用、难见实物、售后服务等问题，构成了现阶段我国网络购物的巨大障碍，更多的消费者急需一种将网上购物与现实生活完美结合的新型网上购物方式。中国数亿网民构成的庞大消费需求与潜力，全国每年几千亿的电子商务消费额，预示着这一新兴产业无与伦比的巨大商机，新一轮网络财富热潮必将打造新一批网络新贵！

物业公司开设公司网站或社区网站平台的社区电子商务经营，将为公司带来前所未有的经营模式创新，同时也可能为物业公司带来巨大的经营收益。下面就介绍几种典型的社区电子商务经营模式。

1. 中信模式——数字化社区门户

中信红树湾E社区（http：//www. eblhome. com）是一个很典型的数字化社区，在中国的社区电子商务领域具有很强的标本作用。深圳百利行物业（现并入中信物业）下属中信红树湾项目于2010年年初正式开通并启用红树湾E社区网站，面向全体业主提供网上客服、在线管家、社区互动、房屋租售、酒店预订等在线物业服务，以及基于社区资源的社区电子商务服务。中信红树湾E社区网站由思源软件开发、百利行物业中心运营。无论何时、何地，只要业主登录网站在线提交咨询、报事、订购等服务请求，系统会第一时间将服务经由物业软件推送到相应岗位的工作前台，形成服务单据。同时，配合站内短信、手机短信及电子邮件，第一时间通知到相关当事人。

中信红树湾 E 社区网站作为社区居民网上家园，拥有得天独厚的入口效应。社区周边任何一家商户无论是肄业、开张、店庆或新品发布，均可通过红树湾 E 社区网站第一时间向全社区居民在线展示。而其酒店式公寓也可以通过社区网站接受来自全国各地的 7×24 小时在线预定。通过这个网站，物业服务企业真正实现了社区资源的商务化，更凸显出自己资源整合商的地位，强化了企业的赢利能力。

2. 绿城模式——综合型电子商务服务平台

绿城物业在业界素来以创新物业服务及资源整合模式闻名，2011 年绿城物业也在其“园区生活服务体系”中加入电子商务元素。2011 年 7 月绿城物业携手浙江物联电子商务公司，推出绿城园区生活服务网（http：//www.4001113900.com），面向绿城物业旗下近 80 个社区提供生活用品电子商务配送服务。与绿城园区生活服务网同步发行的，还有绿城生活电子消费卡（一种由上海银商资讯提供的电子磁条式预付费储值卡），与银行卡相同，持卡人在绿城园区生活服务网配送人员随身携带的 POS 机上直接刷卡消费并可获得消费积分。

据悉，为保障社区电子商务服务物流配送的最后 300 米服务的准时、高效，绿城物业再次颠覆由管理处配送的旧有模式，转而与钱江晚报投递公司合作，实现生活用品的上门物流配送，真正做到专业、快捷。

3. 永安模式——企业联盟打造社区电子商务平台

由福建永安物业发起并投入研发的中国社区商务网（http：//www.365sq.cn）将会于近期正式上线。该网站以物业服务企业联盟运营为核心，在交互式物业管理基础上向社区居民提供个性化服务及社区电子商务订购服务。

网站将为联盟企业提供社区 B2C 电子商务服务，充分挖掘社区电子商务潜力，整合多方资源，实现社区电子商务、物业服务企业、业主（消费者）、社区商家等多方共赢联动发展效应。随后，网站服务会逐步延伸、过渡到物业服务、居家养老等综合性社区服务网站。目前，永安物业已和同涞物业、上海陆家嘴物业、长城物业、浙江耀江物业等业内知名企业确立联盟合作关系，中国社区商务网上线后将会率先在联盟企业中应用推广。

4. 社宝模式——以小区大厦为中心的互联网生活服务

由杭州某物业服务公司投资建设的社宝网（http：//www.shebao.com）为社区电子商务提供另外一种截然不同的应用模式。社宝网是由杭州社宝网络科技有限公司开发运营的中国社区圈子服务类的互联网第三方生活平台。社宝网以单个小区、大厦、写字楼、园区、学校、机关事业单位、村庄等相关的建筑群体定义生活服务圈。通过圈内好友的生活需求互动、信息分享与参与，凝聚社区邻居，从而实现社区居民享受圈内真实丰富的各类生活服务的目的。社宝网自行研发物业管理云服务，为加盟的物业服务企业提供以下几类信息化服务：

（1）为物业服务企业所有服务的项目内业主提供集中在线服务。

（2）为物业服务企业下属多个项目管理处的业务提供集团式在线管理的模式及所有在线企业管理模块或功能自动升级，且企业无需再次进行任何软件开发和硬件维护。

（3）为物业服务企业提供在线增值业务，如房产中介等各类业务集中在该平台，提供云端服务，为企业开展电子商务提供数据存储、运算服务。

社区电子商务是伴随网络经济发展及物业服务创新发展过程中必然产物，上述四种社区电子商务模式的应用案例分别代表了四种不同的应用模式。中信红树湾E社区网站及后端物业软件均由思源软件提供，其主体是提供方便、快捷的在线物业管理服务，提供优秀的服务体验，电子商务还只是伴随在线物业服务衍生出来的创新增值服务。绿城园区生活服务网是一种充分资源整合的应用模式，与电子商务有关的商品采购、库存、配送、收款及网站运营管理均由第三方提供，完全不用消耗绿城物业主营业务精力。但其无法提供像红树湾E社区那样的快捷、高效的在线物业服务及构建优秀服务体验的邻里在线互动社区，更不能为未来电子商务的发展创造稳定的、高粘性的访问流量。中国社区商务网和杭州社宝网均由业内资深物业人投资创办，采用物业联盟运营方式。但不同的是社宝网引入了物业信息化云服务，并以期通过物业云服务获得访问黏性。中国社区商务网则拥有更多的政策背景和品牌企业的联盟支持。

随着网络经济、知识经济的迅猛发展，以及物业服务企业对物业创新赢利模式的不断探索、研究，未来社区电子商务模式定会引起更为广泛的关注，相信也会有更多的物业服务企业、IT企业、电子商务企业及相关单位加入社区电子商务发展阵营中。在未来的几年，原本还停留在概念的社区电子商务将真正进入发展的快行道，飞入寻常百姓家。

技能训练

1. 拟定一份某物业公司与建材公司的某大型小区的建材产品小区推广合作协议。

2. 拟定一份某大型物业公司与某家居产品供应商的小区推广合作协议。

3. 根据自身掌握的知识和教师的指导，编制一份某大型物业公司的社区电子商务经营实施方案。

思考与练习

1. 物业公司还可以开展哪些跨行业经营业务？各种具体业务应如何开展经营活动？重点注意事项有哪些？

2. 大型物业公司建立社区电子商务平台有哪些必要性？请编制一份社区电子商务平台建设实施方案。

3. 大型住宅小区还可以开展哪些小区推广业务？请制定一份某大型住宅小区的小区推广经营实施方案。

第七章　集约化经营

物业行业发展的方向决定了物业服务企业必须实施集约化经营。这是因为集约化经营能为物业服务企业降低成本，充分利用有限的资源，获取更多的经济效益，使物业服务企业不断壮大；能为企业积聚更多的专业人才，使英雄有用武之地，不致于人才流失；能为物业服务企业积累更多的资金，使物业服务企业经济实力雄厚，增强市场竞争能力和企业抗风险能力。集约化经营在保证单一物业项目收支平衡的前提下，在不同的项目间，对相同的专业化服务可以进行资源整合。在保持专业化水平的同时，节省成本，保持服务质量，并在此基础上进行对外服务，承接项目，增加收入。

第1节　集约化经营的项目和程序

一、集约化经营的内涵和特征

1. 集约化经营的内涵

集约化经营指在社会经济活动中，在同一经济范围内，通过经营要素质量的提高、要素含量的增加、要素投入的集中以及要素组合方式的调整来增进效益的经营方式。简言之，集约是相对粗放而言，集约化经营是以效益（社会效益和经济效益）为根本对经营诸要素重组，实现以最小的成本获得最大的投资回报。集约化至少有三层意思：一是资本或资源的集中使用；二是资本或资源的高效率使用；三是资本或资源的节约使用。集约化经营概括为“依靠生产要素效率的提高来实现低投入高产出和良好经济效益的经营方式”，集约化经营的实质是提高稀缺资源的使用效率，最大限度地提高经济效益。

2. 集约化经营的特征

（1）经营质量的特征

应把经营质量放在重要位置上，从过去一贯以“外延扩大”和“争地盘，壮块头”为主的经营思路转向以“强化内涵”和“练内功”为主的经营思路上来，在资产质量、负债质量、管理质量、服务质量等方面上档次、上台阶。

（2）集团规模经营的特征

集约化经营要求生产要素的相对集中，经营集团化、规模化。因此“分散、按区划设”和“各行其是，各自为战”的局面必须坚决改变。

（3）效益效率经营的特征

集约化经营以提高效益为最终目标，坚决杜绝“高成本、低效率”和“少、慢、差、费”的状况，全力向“低投入、高产出”和“多、快、好、省”的经营目标努力。

(4) 高科技经营、电子化经营的特征

不断提高科技含量，大力发展计算机网络工程，尽快实现“手工”向“电子化”的转变，实现服务手段电子化是集约化经营的突出表现。

(5) 人才经营的特征

建立优胜劣汰的用人机制，启用优秀人才参与日益激烈的市场竞争，这是集约化经营的主要特征之一。

二、集约化经营的途径

针对我国物业服务企业粗放型经营的现状，许多人提出了不同的解决思路和途径。主要可归纳为以下几个方面：

1. 转变增长观念，树立集约化经营思想

物业服务企业经营要完成从粗放型到集约型，从外延式增长到内涵式增长的转变，必须确立五个观念：一是树立商业现代化、国际化的观念。二是树立以市场需求为中心的现代营销观念。三是树立主要靠内涵扩大再生产的新观念。四是树立科学技术是第一生产力的观念。五是树立“以人为本”的观念。

2. 深化改革，促进物业服务企业制度创新

深化改革，即是要按照产权明晰、权责明确、政企分开、管理科学的要求，积极推进建立现代企业制度。一方面，要在政府和国有企业之间重建责任约束机制；另一方面，要优化企业内部组织结构，促进物业服务企业制度创新。制度是企业集约化经营生成与发展的基础性要素，是培养和造就集约经营人才的土壤，制度能优化企业内部资源配置方式，有利于技术创新与转化。物业服务企业制度创新的目标内容，包括宏观、中观、微观三个层次，基于微观企业层面的创新包括产权结构与组织创新，劳动人事与分配制度创新，经营业务流程创新和企业文化创新。

3. 发展连锁经营，扩大物业服务企业规模

集约化经营的实质是使资源得以优化配置。大型物业服务企业由于实行规模化经营，可以降低成本，提高经济效益和资源利用率。企业规模的扩大并不只是单体规模的扩大，而是群体规模的扩大，因此通过连锁经营等方式发展大型物业服务企业集团，是扩大企业规模的有效途径。

三、集约化经营的主要项目

集约化经营，就是物业服务企业充分利用自身资源，根据自身的实际情况，最大限度地扩大管理面积和管理领域，科学地确立自身的管理成本和经营目标，在一个适度界定的市场竞争中，最大程度地占有市场份额。物业公司可开展集约化经营的主要项目有：

1. 资产重组

大型物业企业可以对所管物业项目进行资产重组，通过资产重组实现规模化和集约化经营，有利于资源共享，实现优势互补和资源的优化配置。

2. 区域联营

一个城市同一区域的物业往往由不同的物业服务企业进行服务，造成服务规模小、单位成本高、项目经营难状况的存在。不同物业服务企业可协商进行区域联营管理，在降低服务成本的同时增加经营收入。

3. 品牌加盟

通过兼并、收购、联合、改造、改组等多种方式促进企业间重组，实施品牌加盟。不同企业的所有物业统一在一个品牌的旗帜下，使每个物业项目在管理理念、服务宗旨、运作模式、规章制度、行为规范等方面都体现品牌的特色。

4. 集团化经营

物业企业应该贯彻“一业为主，多点开花”的方针，促进企业的集团化运作，在坚持以物业服务为主业的同时，根据企业自身特点开办与物业服务相关的房屋中介、物业装修、家政服务、保洁、绿化等经营性公司，实现集团化运作，从“经营物业、经营业主客户”的高度来实现多元化经营，大大提高企业经营效益，促进企业的良性发展。

四、集约化经营的工作程序

物业公司开展集约化经营包括以下工作程序：

1. 编制公司集约化经营方案

物业公司经营部编制一份公司的集约化经营方案，方案内容应包括集约化经营的业务类型、工作流程、绩效管理、合同管理、财务管理、人员安排、运营管理等内容。

2. 制定集约化经营管理制度体系

根据集约化经营方案，编制有关管理制度体系，一般包括业务拓展管理制度、项目运营管理制度、绩效分配管理制度、用人管理机制、业务监督机制、效益激励机制等制度体系。

3. 成立集约化经营管理机构和配置人员

依据经营方案和管理制度，成立专业的集约化经营管理机构，明确机构的经营职责，并配置相应的经营人员，进行相关业务培训，有序开展各项集约化经营业务工作。

4. 制订具体集约化经营业务工作计划

对市场需求和竞争对手及自身条件进行分析，确定可开展的集约化经营业务，并制订详细的工作计划和组织实施方案。

5. 具体集约化经营业务的组织实施

根据相关制度和业务流程规定，按照工作计划和实施方案，安排人员进行具体集约化经营业务的组织实施，做好业务谈判、合同管理、项目试运营、合作商协调等工作，有序按照业务项目的组织实施。

6. 集约化经营业务的运营管理

具体集约化经营业务开展运营后，对运营项目进行全程管理，包括业务质量、合作商配合、工作人员监管、成本控制、收益分配、投诉处理、市场推广、作业规范等各方面进行科学的运营管理。

7. 集约化经营效果分析和动态管理

对经营的集约化业务项目的社会效益、经济效益和环境效益进行跟踪调查和动态分析，评估项目的总体经营效益，决定是否持续或扩大经营或停止业务，对经营项目进行科学的运营管理。

第 2 节　资产重组经营

一、资产重组经营的内涵和意义

资产重组是指企业资产的拥有者、控制者与企业外部的经济主体进行的，对企业资产的分布状态进行重新组合、调整、配置的过程，或对设在企业资产上的权利进行重新配置的过程。资产重组涉及两个层面的问题。其一是微观层次的企业重组，内容主要包括：企业内部的产品结构、资本结构与组织结构的调整；企业外部的合并与联盟等。其二是宏观层次的产业结构调整。产业结构调整是较企业重组更高一级的资源重新配置过程。

公司资产重组分为五大类，即收购兼并、股权转让、资产剥离或所拥有股权出售（公司将企业资产或所拥有股权从企业中分离、出售的行为）、资产置换［包括公司资产（含股权、债权等）与公司外部资产或股权互换的活动］和其他类（包括股权回购、债务重组、托管、公司分拆、租赁等方式）。

物业管理行业的资产重组有三种状态，即专业技术重组、单位重组、企业重组。前两种重组，在物业管理企业内部或物业管理企业之间可以实现；但跨行业、跨区域的多企业重组却是一种社会经济行为，使得物业管理企业的资产重组的规模和力度前所未有。

通过资产重组实现集约化经营，对改善物业管理有非常重要的意义。首先，其有利于资源共享，实现优势互补和资源的优化配置。资产重组合并之后，公司可以对所管辖的所有物业，统筹调配人力物力，提高设备利用率和管理的效率，降低管理成本，从而实现规模经济。其次，有利于实施品牌管理。可以将所管辖的所有物业统一在一个品牌的旗帜下，使每个物业项目在管理理念、服务宗旨、运作模式、规章制度、行为规范等方面都体现品牌的特色。最后，有利于加速物业管理社会化、专业化。集约化的物业管理，还可以使管理权分散的物业相对集中到一批有品牌、有实力、有信誉的管理公司统一管理。因此，可以说通过资产重组和产权多元化大力推进物业管理集约化和规模化管理，走大型化、集团化经营的道路是物业管理行业未来发展的必然趋势。

二、物业公司开展资产重组经营的工作程序

1. 明确物业公司发展战略

物业企业在进行资产重组前首先就是要明确物业企业发展战略，明确企业发展战略是物业企业进行资产重组的前提。通过明确物业企业发展战略，第一，可以使物业企业清晰了解企业将面临什么样的机遇和挑战、物业企业的竞争地位及今后的变化趋势如何、应该如何塑造物业企业的核心竞争力等一系列问题，为物业企业进行资产重组指明方向。第二，通过明确物业企业的发展战略，可以使物业企业掌握：什么是物业企业的核心业务，什么是物业企业的朝阳业务，什么是物业企业非核心业务，什么是物业企业的包袱业务，从而达到初步了解物业企业进行资产重组对象目标的目的。第三，通过明确企业发展战略，有利于物业企业明确进行资产重组的基本动因。

2. 确定资产重组对象

通过企业战略分析和评估已有资源，物业企业对自身情况有了深刻的认识，明确了物业企业资产重组的目的和目标，就可以根据物业企业经营需要，有针对性的确定资产重组对象，进行资产重组。如果是进行内部资产重组，物业企业就可以开始制定资产重组的方案；如果是进行外部资产重组，物业企业则需要进行重组企业对象的物色。

3. 重组对象的相关分析

确定了资产重组目标和合作伙伴后，物业企业在进行资产重组活动前对重组对象进行相关分析。首先，物业企业要调查了解市场上可进行资产重组的目标单位的数量及分布情况；其次，要了解不同希望被重组的目标单位情况，如规模、经营管理组织模式、态度以及重组后善后措施等；最后，物业企业要了解希望被重组单位对重组方的基本要求以及可能竞争对手等情况。充分的信息收集和科学的信息分析有利于物业企业对资产重组目标进行正确的评估和合作伙伴的选择。

4. 制定资产重组方案，实施重组活动

物业企业确定了资产重组的目标后，就可以根据重组目标的实际情况和物业企业自身的情况选择资产重组的模式。并根据确定的资产重组目标和资产重组的模式，对物业企业进行资产重组的财务能力进行分析。通过对物业企业财务能力评估，可以使物业企业明确是否有能力进行资产重组，或是审视物业企业资产重组目标选择和模式选择的合理性。制定科学、合理的实施方案，包括：实施规划、资金落实、谈判细节、节奏把握、重组后的融合方案、应急的备选方案等。在实施重组活动时，针对物业企业的实际情况，进行科学的分析，适时调整物业企业的资产重组方案，确保重组目标的实现。

5. 资产重组后经营活动的开展

通过资产重组后，进行相关制度的建设和人员培训及业务安排。建立资源共享机制，实现优势互补和资源的优化配置。资产重组之后，公司可以对所管辖的所有物业，统筹调

配人力物力，提高设备利用率和管理的效率，降低管理成本，从而实现规模经济；实施品牌管理，可以将所管辖的所有物业统一在一个品牌的旗帜下，使每个物业项目在管理理念、服务宗旨、运作模式、规章制度、行为规范等方面都体现品牌的特色；加速物业服务业务专业化、集约化管理，不断扩大经营业务、提升服务质量、开展多种经营活动，在提高企业品牌的同时，获取良好的经营效益。

三、资产重组的经营分析

资产重组是指通过对物业企业资产总量和资产结构的调整来实现物业企业经营目标的一种行为。广义的资产重组不仅包括资产和负债重组，而且还包括业务重组和人员与机构重组。对于物业管理企业来说，资产重组的目的有两个，一个是实现规模化经营；另一个是根据物业企业的发展需要对物业企业的资源进行重新的配置。实现这两个目标可以有效的提高物业企业的资产质量，从而可以在不增加资本存量的基础上提高物业企业的经营效率。对于物业管理企业来说，资产重组的核心问题就是根据物业企业的具体情况，合理的选择资产重组的模式。

项目化物业管理公司资产重组的重点是在扩大公司项目管理规模的基础上在物业企业内部实行专业化分工，以提高资源的利用效率；而专业化物业管理公司资产重组的重点则在于如何根据业务发展的需要，在保留核心业务的同时逐步的扩大相关服务的内容。物业企业的类型不同，所面临的问题也不同，因此不存在一个一成不变的资产重组方式。但是根据物业管理行业的特征，概括地说有三种资产重组方式可供选择。

1. 以项目管理为基础的资产重组

以项目管理为基础进行资产重组就是对公司所管理的物业项目进行人员、设备和资金的合并，使之达到合理的规模。在这种资产重组中必须要解决好两个方面的问题：首先，这种资产重组的目的主要是为寻求规模经济利益，因此确定合理的项目管理规模是资产重组的一项重要工作；其次，由于企业是以项目管理为基础，因此所提供的管理服务包括了许多的专业内容，但是在资产重组中企业应当重点发展自己的核心业务，而通过战略联盟等方式将某些专业化强而且暂时不经济的业务剥离出去，这样做有利于培育自己的核心竞争能力。目前有人认为项目管理公司应当不断的扩大服务的范围，通过服务的多样化来提高企业的赢利能力，这实际上是一种误区。任何一个企业不论规模有多大都不可能提供全面的各种服务，而且对于绝大部分服务项目来说都有一个基本的合理经济规模，因此增加服务项目不一定就能增加赢利。

按照项目进行资产重组的好处是有利于物业管理品牌的建设，形成自己的管理特色。不利之处是当项目过于分散而无法有效的进行项目合并时，资源共享和规模化经营的目标难以实现。

2. 以专业化服务为基础的资产重组

以专业化服务为基础的资产重组就是按照物业管理的业务内容组建专业化管理机构，

对公司所管辖的物业管理项目以及其他物业管理公司提供专业化管理服务。以专业化服务为基础的资产重组的目的不是寻求项目管理的规模化经营，而是寻求专业化分工所带来的资源配置效率和管理效率提高的好处。对于物业管理企业来说，由于大多数业务在技术要求和服务内容方面具有相对的独立性，这就为按照专业化服务内容为基础进行资产重组提供了基本的前提条件。比如企业可以按照保安、保洁、设备维修、园林绿化、网络管理等物业管理的核心业务以及其他辅助业务为基础组建相应的服务部和业务部门，配备必要的人员、设备和资金，作为企业的成本中心单独进行核算。

以专业化服务为基础的资产重组的好处是有利于规范专业服务的业务标准，提高物业管理服务的水平，最大限度地提高资源的配置效率，从而节约人力、物力和财力。但是由于这种资产重组方式打破了项目管理的模式，因此容易造成同一个管理项目中不同的管理服务之间的脱节，需要在具体的业务管理内容和流程中做出相应的规定。

3. 综合性资产重组

单纯以物业管理项目或者以专业化管理服务为基础的资产重组都服从一定的重组目的，而且具有各自的局限性。实际上，物业管理企业可以采取一种综合性资产重组方案，以有效的发挥资产重组的资源配置效率和规模化经营效率，同时克服上述两种资产重组方案的不足。具体的做法是：首先，以项目为基础对企业的人员、组织机构和资产进行重组，形成项目管理的基本框架结构；其次，在资产重组的过程中，根据每一个物业管理项目的具体情况确定各自的核心业务，形成具有核心竞争力的企业内专业化分工的经营特色；最后，在企业内专业化分工和特色经营的基础上实现资源共享，即每一个项目都向其他项目提供核心业务的管理服务，实现企业内以项目为基础的“业务联盟”。混合型的物业管理公司不仅下设物业管理部、楼宇设备部、商业管理中心、消防治安部、财务部等职能部门，而且还设有机电工程部、电梯部、经营部、物业顾问中心、物业租赁中心等专业化部门，同时还设有写字楼开发部、酒店管理中心、网络服务中心等管理部门。

第3节 区域联营经营

一、区域联营经营的内涵

联合经营就是企业经营者根据单个企业尚不足以独立经营某一事业，难以利用规模效益，于是两个或两个以上独立的经营实体横向联合成立一个经营实体或企业集团的拓展战略。

物业区域联营是指两个或两个以上独立的物业公司横向联合成立一个经营实体，对同一区域的各种在管物业项目进行统一经营管理或者物业公司与个人合作联营物业项目的行为。实施该战略有利于实现企业资源的有效组合与合理调配，增加经营资本规模，实现优势互补，增强集合竞争力，加快拓展速度，促进规模化经济的发展。

区域联营有项目公司经营和承包经营等主要形式。项目公司经营就是几个物业公司把同一区域的物业项目联合组建项目公司统一管理，从而形成规模经济的经营效果；承包经营就是把物业项目的主要业务承包给个人或机构进行经营，而物业公司获取相应管理费的经营行为。

通过区域联营，一方面物业公司可以实施规模经营，降低单位成本，形成规模效应；另一方面可以结合多方优势，改善物业服务质量，提高业主满意度，广泛开展物业有偿服务项目，提高物业公司经营收益。

二、物业公司开展区域联营经营的工作程序

物业公司区域联营有多种合作形式，但其一般工作程序基本如下：

1. 寻求区域联营合作意向

在所管物业项目区域寻找适合联营的其他公司管理的物业项目，进行区域联营的合作沟通，获得多方认可，达成区域联营合作意向。

2. 区域联营谈判和方案制定

对区域联营的合作模式、机构设置、人员配置、成本控制、收益分配、管理机制等方面进行谈判，达成一致意见后，签订区域联营合作协议，并制定两个或多个物业项目进行区域联营的实施方案。

3. 组建联营机构并制定管理制度

区域联营的多方物业公司组建联营机构，可以选择组建项目公司或者项目部进行管理，同时制定统一的物业管理制度和服务标准以及各方运营管理的监控机制。

4. 人员配置和培训

对区域联营机构进行相关人员的配置，按照统一管理体系和服务标准进行业务培训，为区域联营进行各方面的准备。

5. 区域联营实施和监控

在人员配置、资产配置、设备配置等各方面完成后，正式实施区域联营，对合作的多个物业项目进行统一管理和资产运营，各方进行联营项目和业务的监控，保证联营项目的正常运行。

6. 区域联营的动态管理

对联营项目进行动态管理，处理各种纠纷和突发事件。

三、区域联营的经营分析

区域联营战略是物业管理发展到一定阶段的必然形式。实施该战略有利于实现企业资源的有效组合与合理调配，增加经营资本规模，实现优势互补，增强集合竞争力，加快拓展速度，促进规模化经济的发展。区域联营主要是采用兼并、合并、控股、参股等形式，

通过横向联合组建成立企业联盟体，其联合经营战略主要可以分为一体化战略、企业集团战略、企业合并战略和企业兼并战略四种类型。

1. 一体化战略

一体化战略是由若干关联单位组合在一起形成的经营联合体，主要包括垂直一体化（生产企业同供应商、销售商串联）、前向一体化（生产企业同销售商联合）、后向一体化（生产商同原料供应商联合）、横向一体化（同行业企业之间的联合）。该战略的优点是通过与关联企业的紧密联合，可实现资源共享，降低综合成本。其缺点是管理幅度加大，不利于资源调配与利益关系的协调。

2. 企业集团战略

企业集团战略是由若干个具独立法人地位的物业企业以多种形式组成的经济联合组织。组织结构层次分为：集团核心物业企业（具母公司性质的集团公司）、紧密层（由集团公司控股的子公司组成）、半紧密层（由集团公司参股企业组成）、松散层（由承认集团章程并保持稳定协作关系的企业组成）。紧密层、半紧密层同集团公司的关系以资本为纽带；而松散层同集团公司的关系是以契约为纽带。集团公司同紧密层组合就可以构成企业集团，集团公司与企业集团的区别在于：集团公司是法人，企业集团是法人联合体，不具法人资格。集团公司内部各成分属紧密联合，企业集团各成分属多层次联合。

3. 企业合并战略

企业合并战略是指参与企业通过所有权与经营权同时有偿转移，实现资产、公共关系、经营活动的统一，共同建立一个新法人资格的联合形式。采取合并战略，能优化资源结构，实现优势互补，扩大经营规模，但同时也容易吸纳不良资产，增加合并风险。

4. 企业兼并战略

企业兼并战略是企业通过现金购买等方式获得另一个企业全部或部分资产或控制权的联合形式。其特点是：被兼并企业放弃法人资格并转让产权，但保留原企业名称成为存续企业。兼并企业获得产权，并承担被兼并企业债权、债务的责任和义务。通过兼并可以整合社会资源，扩大生产规模，快速提高企业产量，但也容易分散企业资源，导致管理失控。

第 4 节　品牌加盟经营

一、品牌加盟经营的内涵和意义

品牌加盟是品牌连锁总公司与品牌加盟店二者之间的持续契约的关系。根据契约，品牌总公司必须提供一项独特的品牌商业特权，并加上人员培训、组织结构、经营管理及商品供销的协助；而品牌加盟店也需付出相对的报偿；它是一种经济而简便的经商之道，经由一种商品或服务以及行销方法，以最小的风险和最大的机会获得成功。

物业服务品牌加盟就是品牌物业公司与加盟物业公司之间的持续契约关系。品牌公司通过品牌加盟获取可观的加盟费；加盟公司通过品牌加盟获取品牌效应和业务指导，提高公司市场竞争力。品牌是在市场上突进的速度，是在群体中的脱颖而出。品牌是耀眼的招牌、显赫的身份，是综合品质的崇尚。品牌的组成包括企业和产品名称、产品质量、产品定位及宣传口号等。品牌是靠积累形成的，它需要塑造、维护、提升和再开发。物业管理品牌，是由物业的品牌跟管理品牌共同构成的。构成的要素主要有：物业公司的声誉、形象以及形成和影响物业公司声誉、形象的一系列因素，包括物业公司的特殊名称（如响亮、引人注意、涵义深刻、来历特殊等）、注册资金、管理业绩、装备水平、社会评价、业主管理委员会的反映、政府意见等；负责人的管理经历、社会地位与影响力；管理层的素质；专业技术人员的职称或技术等级等，此外，还包括公司物业管理服务的项目、收费标准、服务态度、服务深度等方面。

随着进入市场的博弈者越来越多，企业的物业连锁经营规范化和法制化水平不断提高，市场竞争更加公平和激烈。企业也越来越重视品牌建设，建立多层次、多类型的品牌加盟经营战略。物业服务品牌加盟一般要求加盟商做到“八大统一”：统一形象标识、统一经营理念、统一管理制度、统一质量体系、统一服务标准、统一业务培训、统一考核规程、统一价格策略。品牌物业公司可通过让其他企业或机构来加盟品牌获取可观的加盟费，缺乏品牌声誉的物业公司可以通过加盟品牌物业公司，获取良好的品牌形象和管理体系及业务指导，从而提高企业的市场竞争力。

二、物业公司开展品牌加盟经营的工作程序

物业服务品牌加盟可以采用直营加盟、特许经营加盟、挂靠经营等方式进行，其一般工作程序如图 7—1 所示。

三、物业品牌加盟经营分析

目前全国物业管理企业总数已超过 3 万家，更多企业仍如雨后春笋般涌现。低价已使很多公司无法单靠物业管理费生存，而在高档物业市场，登陆不久的“洋物业”已开始伸手采摘丰硕的果实。大多管理落后的小型物业管理企业已陷入生计维艰，又遭消费者口诛笔伐的尴尬困境。物业管理市场的现状使竞争机制、打造行业品牌引入物业管理行业，从而给消费者以更多选择机会，也给了物业管理公司规范发展的机会。

实施物业管理品牌是满足居民要求的需要。随着人民生活水平的不断提高，人民对住房的要求已经从有房住、住得下，提高到住得好。所谓住得好，不是单纯的面积大小、布局合理等“硬件”，更重要的是要有良好的管理房屋等“软件”来保证房屋及设备正常运行、物业区内治安良好、环境整洁、服务设施齐全等。因此，一流的物业必须配以一流的管理服务，才能创造出一流的居住环境。其次，名牌物业管理受到消费者青睐，不仅仅在于其表层的管理服务，更重要的是它所蕴含的企业文化，即对消费者的地位、个性、修养、

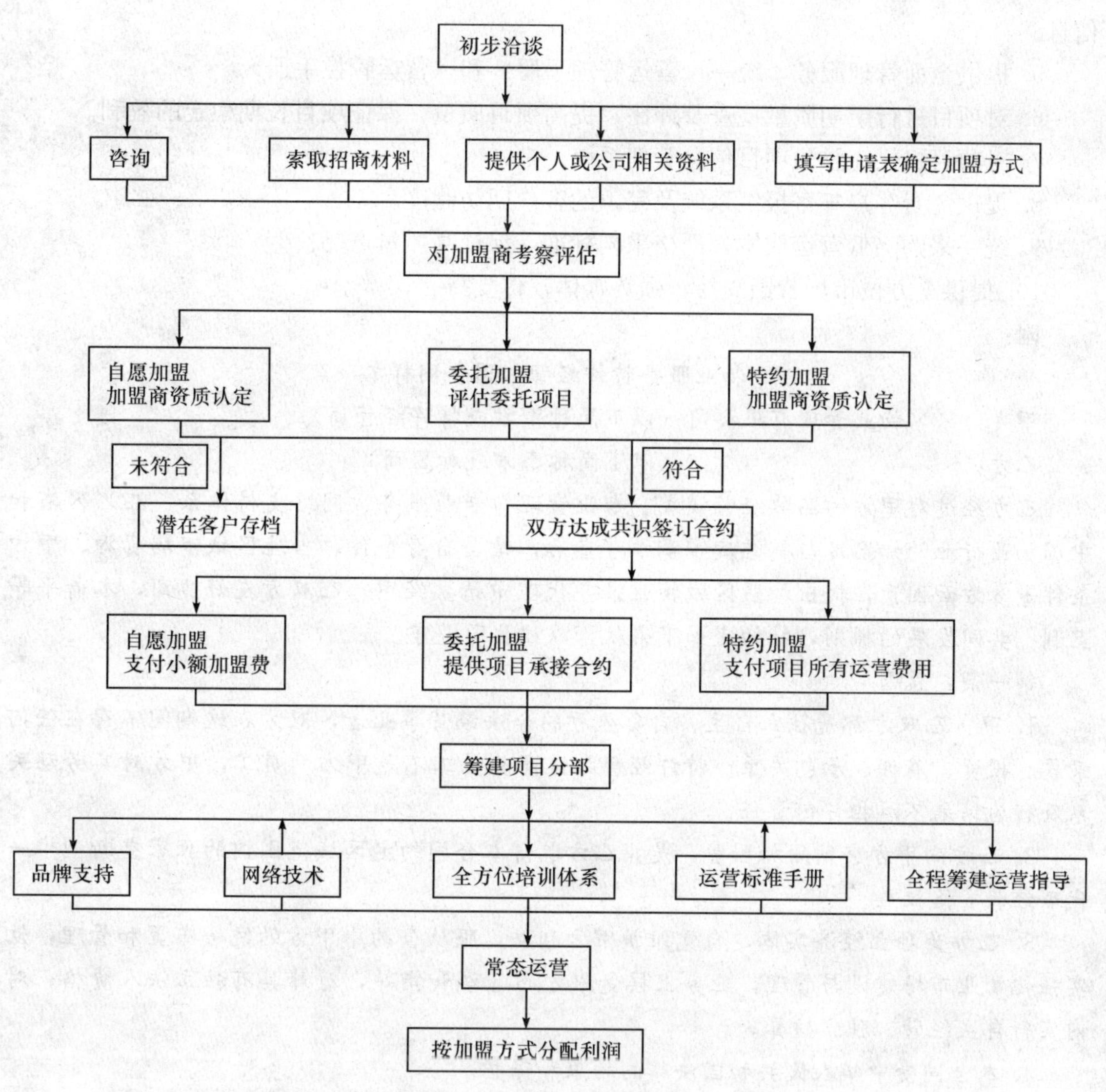

图 7—1　物业公司开展品牌加盟经营的工作程序

品位、生活方式的肯定性的文化特征。换句话说，消费者的购买和消费过程，同时也是一种追求上述文化价值的实现过程。正因为名牌物业管理所蕴含的高文化品位及高附加值，才能使消费者对其情有独钟，不惜为之投资。

品牌物业公司通过品牌加盟可获取加盟公司或项目收入的 5%～10%的加盟费，而加盟公司可获取品牌公司提供以下加盟支持：

1. 享有品牌公司的品牌及企业荣誉以及资质使用权。

2. 使用统一的品牌及企业统一管理系统。

3. 提供全套物业管理方案及统一的《标准操作规程》。

4. 提供全方位培训及统一的《标准培训手册》，使加盟者掌握品牌要求所必需工具和信息。

5. 提供全面管理服务，统一《营运管理手册》和《营运管控手册》。

6. 对项目进行定期质量检查及评比，提高项目质量，保证项目长期稳定的盈利。

7. 对项目提供完整的项目信息管理系统。

8. 提供免费客户邮寄报纸系统及完善的客户回访制度。

9. 统一采购降低营运成本，严格采购标准，保证高质量产品。

10. 提供全方位市场营销支持，强势媒体宣传支持。

附：

物业服务特许经营加盟合同样本

甲方：××物业管理有限公司（以下简称甲方或特许经营商）

乙方：　　　　　　　　　　　（以下简称乙方或加盟商）

乙方经过对甲方的品牌经营模式、专业管理与专业服务、网络支持体系、在××省和中国物业行业的知名度与美誉度等多方考查后，结合自身条件、当地区域市场资源、甲方条件等多方面因素，提出加盟区域物业服务代理申请。经甲、乙双方友好协商，本着平等互利、共同发展的原则，特约定如下条款，以兹共同遵守。

第一条：总则

1. 甲、乙双方都是独立自主、自负盈亏的合法经营事业者，双方在这期间不存在任何隶属、投资、雇佣、承包关系。特许经营加盟商其员工不是甲方的员工，甲方对其劳动关系及行为结果不承担任何责任。

2. 乙方向甲方交纳的加盟费，是指乙方取得本合同约定区域范围内的独家垄断型唯一代理经营资格权益。

3. 乙方为独立经济实体，自觉维护甲方利益，服从合约中甲方的统一布置和管理，切实强化物业市场建设与管理，业务上接受甲方的督察和指导，对外具有独立法人资格，对内实行自主经营、独立核算。

4. 本合同受中华人民共和国法律的约束和保护。

第二条：代理经营区域、代理经营期限、加盟费用的确定

1. 乙方独家垄断型代理经营地域范围是××××，乙方的经营地址是××××××。

2. 乙方独家垄断型代理经营期限为××年。从××年×月×日起至××年×月×日止。

第三条：经营技术资产

甲方的经营技术资产包括：企业品牌字号形象标识、运营方案、形象识别CIS系统、企业文化和荣誉、统一的广告资源和广告效应、营运手册和教育培训、统一装修、物品陈列方案等。以上经营技术资产乙方只能分享使用。

第四条：甲方的权利和义务

1. 国内市场开发、推广及品牌形象的宣传。

2. 为乙方提供相关的经营模式、专业管理与专业服务。

3. 网络服务支持。

4. 为乙方免费提供物业服务的管理培训。

5. 甲方有权利对乙方和乙方发展的加盟商的经营管理情况进行监督和检查，可随时对其经营状况、服务价格等情况进行检查指导。

6. 为维护企业品牌形象和乙方效益，甲方应进行定期或不定期的广告宣传。

第五条：乙方的权利和义务

1. 区域垄断经营权

(1) 特许经营加盟商正式确定后，未经特许经营加盟商同意，甲方不在其区域发展特许经营加盟商。

(2) 省级特许经营加盟商签约前，甲方在其区域先期已发展的特许经营加盟商及加盟费，其业务继续由甲方垂直管辖和办理，与乙方无关。

2. 价格自治权

特许经营加盟商可制定自己区域内物业服务价格，定价原则需书面报请当地物价部门或业委会批准（认可）并经甲方备案后实施。

3. 区域招商自治权

甲方不得以收取加盟费为最终目的，须加强物业服务市场的维护与管理，最终扶持项目或公司为目标。为帮助特许经营加盟商快速实现盈利，特许经营加盟商须自己发布广告招商和通过甲方的统一广告招商，其招商政策享有高度自治权（可独立收取加盟费）。乙方的招商政策、营运政策须书面申报甲方备案后实施。

4. 培训服务

(1) 特许经营加盟商有权要求甲方按市场需要及时、快速、准确进行对项目或公司进行有偿培训服务。

(2) 乙方每年度相关服务费未支付甲方，且无任何文字说明，则视为乙方违约，甲方有权终止合同，并另行安排。

5. 分享招商广告权

甲方将为特许经营加盟商提供统一的招商广告策划，协助特许经营加盟商创建强大的招商平台，招商广告包括：平面广告、网络广告、电视广告。

6. 享有经营技术资产使用权

将甲方招商政策、经营理念、经营管理资料全部提供给特许经营加盟商。

7. 乙方发展加盟商时，须与加盟商签订合同书（包括合同书的变更、终止、解除等其他补充条款等文本均应一式叁份），将其中一份在签订后七日内送达甲方存档；乙方发展的加盟商法人身份证复印件、交款票据（注：乙方收取加盟商费用）复印件、对方联系方式、工商营业执照及税务登记证等复印件（各三张），乙方应在加盟商开业之日起七日内送达甲方存档备案，否则视乙方违约。

8. 乙方负责乙方和乙方发展的加盟商，每月底须向甲方提供各加盟商的经营管理和服务情况，以提升甲方整体管理水平。

9. 乙方负责乙方和乙方发展的加盟商须按甲方《营运手册》的相关规定，接受甲方的监督及指导，以保证物业服务品质、维护品牌形象及客户利益。

10. 乙方确认甲方提供的是品牌、物业服务技术的出让。

第六条：其他补充规定

1. 乙方招商时可收取加盟商的加盟费，但不得以收取此费用为最终目的。

2. 乙方负责乙方发展的加盟商须执行“同城同价”的价格原则。

3. 乙方负责乙方发展的加盟商到甲方培训、学习，加盟商应向甲方缴纳相关的培训费用。

4. 乙方不得跨区域经营。

第七条：付款方式（人民币）

合同签订双方盖章后，乙方一次性付清加盟费　　　　元整，权益金　　　　元整。

第八条：合同的违约责任和其他

1. 乙方的代理权变更。乙方发展的加盟商的代理权、地址及法人变更，乙方与发展的加盟商终止合作、解除合同，须书面通知甲方，获准甲方同意。

2. 在合同履行过程中任何一方违约应按合同约定的加盟费另加加盟费的30%向对方赔偿违约金。且守约方有权终止及解除合同。

3. 甲、乙双方因不可抗拒的非人为因素影响合同执行，须在24小时内通知对方，并在事件发生的3日内，向另一方提交合同无法履行的书面报告，确认后双方互不承担责任。

4. 合同期满后，乙方享有续约权利，可在合同期满前二个月内向甲方提出续签申请。

5. 本合同是约定甲乙双方权利与义务的最后唯一依据，一式两份，双方各执一份为据，具有同等法律效力，复印无效。

6. 特许经营加盟商正式确立条件为：本合同签订及乙方应交纳的加盟费首笔款项到达甲方指定账户。

7. 合同签约地：×××

8. 本合同所有条款，特别是招商政策、相关费用等。甲乙双方有义务保密，任何一方不得擅自向同业、同行泄密，否则视作违约。

第九条：其他

1. 甲方可以在乙方所在地进行直投招商广告，同时将招商信息及时反馈给乙方，乙方须配合甲方的招商工作，同时对信息及时反馈。

2. 在乙方的同意下，甲方可以受理乙方签约地区的加盟商申请，并可办理相关手续，同时将相关合同向乙方备案。并于30个工作日内将相关费用返还至乙方账户（加盟费、保证金的代理差价）。

3. 在授权区域外，甲方授权之下，乙方有义务配合甲方进行招商工作。对于招商成功签约的，甲方一次性奖励乙方××元。

4. 本协议一式两份，甲、乙双方各执一份。本协议未尽事宜，由双方协商解决；协商不成，双方同意通过法律诉讼解决争议。

第5节 集团化经营

一、集团化经营的特点和问题

所谓集团化即是以母公司为基础，以产权关系为纽带，通过合资、合作或股权投资等方式把三个及三个以上的独立企业法人联系在一起就形成了集团。集团成员企业之间在研发、采购、制造、销售、管理等环节紧密联系在一起，协同运作的方式叫集团化运作或集团化经营模式。物业管理集团化经营是指物业管理企业通过多种方式形成具有市场竞争力的企业集团，走规模化发展的经营模式。

1. 集团化经营的特点

（1）资源共享，节省成本和费用

统一采购可以降低采购成本、集团化制造可以充分利用制造资源、统一技术和研发平台以研发高难度的课题、统一销售可以节约营销费用、统一结算可以节省财务费用和解决融资的难题等。

（2）优势互补，提升了企业的运作和管理效率

集团化运作可以将某一企业的“长板”弥补其他企业的“短板”，使这一长项得到充分发挥，从而带动其他成员企业提高运作和管理的效率。比如销售渠道的融通、人力资源管理经验的借鉴等。

（3）提高了企业创新能力和综合竞争能力

技术创新、营销创新以及成本和费用的降低等，使企业及集团综合竞争能力得到提升。

2. 集团化经营所面临的问题

从物业管理的行业特点、环境状况和发展趋势来看，集团化物业管理企业面临的管理有以下问题：

（1）战略流程、人力资源流程、运营流程三大流程的协调发展和完善问题。

（2）发展战略方面，缺乏长远规划，市场定位和战略目标不清晰，没有明确的竞争战略，没有核心竞争力。

（3）人力资源建设方面，缺乏一套科学、有效的人力资源考核与激励体系。管理人员在落实公司发展战略的过程中起着承上启下的作用，特别是质量管理、人力资源管理、物业经营等岗位，既需要有管理理论，又要熟悉具体业务，还要有将设想转化为具体措施的能力。但具备这些素质的经理人恰恰是目前最稀缺的。

（4）运营流程方面，规范化管理需要加强。物业管理的质量体现在日常的重复性操作上，而承担具体执行工作的员工文化素质普遍比较低，只能被动地按照规定好的流程作业。因此，管理人员的策划和落实业务的能力直接决定了物业管理的质量。要达到比较好的质量，必须规范每一项业务的流程，并通过培训和检查机制落实到位。

（5）集中管理与放权的矛盾问题。集团化物业管理企业要适应规模发展的需要，必须进行统一规划和管理，但分散在各地的区域公司和管理处要高效率地解决问题，必须有充分的自主权。在管理基础还比较薄弱的情况下，很难处理好两者之间的平衡关系。

（6）集团总部对区域公司、区域公司对管理处的考核机制问题。对于集团化的物业管理公司，集团总部或区域公司不可能也不宜介入管理处的具体的业务，主要通过制定管理目标、规范操作流程、培训和定期审核来保证管理处落实管理要求。如何制定管理目标、怎样审核、采取什么样的激励措施，是集团化物业管理公司必须解决的问题。

（7）从经验式管理向规范化管理转变的问题。一方面，集团化物业管理企业需要对公司的经营理念、发展战略、员工管理政策、服务方法、各项业务的操作程序、培训教材等进行系统化的阐述，形成文字化的管理规范，这需要投入大量的人才、物力和时间等资源。

总体而言，任何一项管理活动都与其他活动相关联，公司发展战略、企业文化、人力资源管理、质量管理、技术手段等之间存在着相互促进的关系。目前，集团化物业管理企业行业正经历着从经验式的管理向理性管理的转变过程，特别是集团化物业管理公司正面临着地域分散与统一管理、集中策划与放权执行之间的矛盾关系；公司总部集中了文化素质较高的人员，但对实际业务缺乏足够的了解；业务执行部门着重于处理具体的事务，不能从管理的高度提出规范的作业流程；物业管理作为微利的服务行业，不得不面对提高服务质量和管理费用有限、人才不足的窘境。如何平衡各方面的因素，在有限的资源条件下提出解决方案，是当前大多数物业管理公司都面临的难题。但是不论是从市场竞争的角度，还是从节约成本的角度，或是从物业管理本身的特点来看，物业管理公司走大型化、集团化经营的发展道路，发挥集团的整体优势和规模经济优势，既是市场竞争的必然结果，同时也是实现节省管理成本、实施品牌管理和产生规模经济效益的最佳选择。

二、物业公司开展集团化经营的工作程序

组建和发展物业企业集团的目的是发挥物业企业的群体优势，优化产业组织结构，克服目前物业企业经营规模小，经济效益差，发展后劲不足的弊端，实现规模经济，提高整体经济效益，增强企业市场竞争力，提高物业管理服务水平，促进物业管理行业的发展。

1. 寻找合适的合作对象

物业企业可以寻找合适的其他物业企业，对其经营规模、管理能力、人力资源、资金实力等全方位进行分析，形成集团化合作可行性研究报告。组建物业管理企业集团是一项十分复杂、细致的工作，必须在调查研究的基础上，按照互利互惠，共同发展的原则进行组建。组建物业管理企业集团的可行性研究，就是系统地、仔细地分析、研究、验证拟组建企业集团的全部有关条件和因素，以便决定它们付诸实施的可能性。

2. 进行集团化运作洽谈

与合适的企业进行有关集团化运作的谈判，可采用合资、合作、股权投资等方式进行集团化运作。集团化运作可采用强强联合，也可采用物业企业与专业业务公司（如保洁公

司、酒店管理公司、保安公司等）联合，也可采用跨区域企业之间联合（如广州物业企业与北京物业企业联合）。主要是在股权分配、企业管理、人员安排、财务管理、经营模式等方面进行洽谈，达成初步合作意向。

3. 签订集团化运营合作协议

双方达成一致意见后，组织签订集团化运营合作协议，制定集团化运营方案，进行有关集团化合作事宜的协调和处理。在组建物业管理企业集团过程中，必须遵循自主、自愿的原则。只有这样，组建起来的物业集团才具有向心力、凝聚力，才能实现扬长避短、优势互补，健康发展。

4. 控制集团化经营规模，有序开展经营活动

组建物业管理企业集团的目的是集中人才、技术、资金、管理等优势，实现占领国内市场，打进国际市场。但并不是规模越大越好，而是要根据市场的需要和经营规模，靠人才优势、靠社会信誉、靠管理水平、靠服务质量去占领市场。因此，组建物业管理企业集团时，绝不可盲目的无计划、无限度的扩大规模，更不能一哄而起，贪求数量，这样组建往往由于基础不牢，组建的快，分手的也快。为了防止盲目扩大规模，组建物业管理企业集团一开始就要搞好调查研究，从企业利益出发，从市场需要出发，来确定企业集团的发展规模。集团化经营有关架构和制度建立后，利用原来各自物业企业的各种优势资源，有序开展相关经营业务。

5. 规范集团运作，建立现代集团运作机制

组建物业管理企业集团的最终目的是扩大企业经营规模，提高企业经济效益，要实现这一目标，就要建立现代化企业制度，转换企业经营机制。同时，在组建企业集团的过程中要实行规范化运作，严格按照组建企业集团的有关规定进行操作，切不可草率行事、简单化的组合。特别要注意学习其他行业组建企业集团的成功经验和作法，建立起企业集团章程和完善的管理制度，使物业企业集团一开始就走上制度化、规范化的发展道路。

6. 强化人力资源管理，完善集团自身建设

组建起来的物业管理企业集团，能否按照预期的目标发展，很重要的一条就是企业集团组建后，能否不失时机地抓好自身的建设。因为，参加集团的成员企业，其各有长处和优势，也各自存在不足。而要真正做到扬长避短，优势互补，以适应物业市场竞争的需要，必须不断强化自身的建设。同时，一个企业集团能不能搞好的关键也在于一个好的领导班子和一支过硬的思想好、业务精、懂管理、善经营、服务意识强的职工队伍。由此看来，加强物业管理企业集团的领导班子和职工队伍建设，直接关系到企业集团的发展，必须抓实抓好。

三、集团化经营优势分析

据中国物业管理协会发布的《中国物业管理行业生存状况调查报告》，抽样调查显示：目前，在我国 3 万余家物业服务企业中，一级资质物业服务企业约占 7.93%；二级资质物业服务企业约占15.5%；三级资质物业服务企业约占71.46%；其他未取得资质或临时资质的企业约占5.11%。这充分说明，中国物业管理行业目前的业态分布仍然是以中小企业为主，企业普遍存在着管理规模小、专业人才偏少、综合实力不足、抗风险能力较差等一系列问题。这一系列问题所导致的结果便是行业发展缓慢滞后，众多物业服务企业面临亏损，入不敷出。而改变这一现状的唯一途径只能是通过不断的兼并重组形成一批规模、实力都比较强的物业管理集团。物业管理企业普遍存在着企业规模小，专业人才少且分散，难以发挥群体功能和综合实力，而且绝大多数企业存在着经济效益差，亏损严重等问题。全国除万科、中海、金地等少数物业企业管房面积超过600万平方米外，物业管理企业平均管房面积偏低。要改变物业管理这种小兵团分散作战的局面，形成"航空母舰"，发挥团队的整体实力，走集团化发展道路，就必须组建一批实力雄厚、人才集中、专业技术力量强、一业为主、多种经营，具有市场竞争力的物业管理企业集团。物业集团化经营有以下几个优点：

1. 集团化发展有利于集中企业的优势，提高物业管理服务的整体水平

我国的物业管理已进入了快速发展时期，随着物业管理市场的形成，企业间的竞争将日趋激烈，竞争的焦点突出表现为管理水平和服务质量。满足人们对工作和生活环境及质量的要求，必须有一批能够代表行业发展方向的骨干企业为核心，组建成物业企业集团，使集团成员企业的管理水平和服务质量实现优势互补。

2. 集团化发展有利于改变物业管理企业经营规模小，经济效益差的局面，实现规模效益

组建物业企业集团，与原单独的物业管理企业相比，不仅企业集团的规模大，而且人才、资金集中，技术力量强，可以通过集团的整体实力，在市场竞争中夺得更多的物业管理项目，进而改变单独物业管理企业仅管少数物业项目的状况，实现规模效益。

3. 集团化发展有利于发挥人才优势，改变人才、技术分散的格局

人才资源是物业管理企业经营活动的关键。物业管理是集房屋管修、设备设施管理、绿化管理、环境卫生管理、治安保卫消防管理及公共服务、专项服务、特约服务于一身的管理。它要求从事物业管理的人员，不仅要有较高的文化素质、思想素质和敬业精神，而且要有专业技能。目前，物业管理企业中人才缺乏的现象较为普遍。组建物业企业集团，可以通过对集团成员企业的人力资源进行重新的组织和调整，将分散的人才资源实行优化组合，集中人才优势，使企业人才形成最佳结合。

4. 集团化发展有利于拓展经营领域，实现企业发展的良性循环

现在许多物管企业仅局限于物业管理，难以向其他经营领域拓展。组建物业企业集团，可以在重点搞好物业管理服务的同时，根据自身的优势，扩大经营范围，组建若干分公司。通过多种经营，壮大企业的经济实力，弥补物业管理服务收费的不足，进而实现企业发展的良性循环。

5. 集团化发展有利于参与市场竞争，在竞争中求生存、求发展

在市场经济条件下，占领市场是每个企业追求的目标。我国石油、汽车等行业组建企业集团的实践就是很好的证明，物业管理行业要实现持续发展，只有组建企业集团，才能克服企业单枪匹马、孤军奋战的局面，使企业在资金、人才、技术、装备、管理、服务上都具有竞争力。

6. 集团化发展有利于走出国门，进入国际市场

从目前来看，我国的物业管理企业尚没有打进国际市场，一是我国的物业管理还处于起步阶段，物业管理服务的水平不高，难以进入；二是国际物业市场竞争激烈，单个企业孤军奋战、势单力薄缺乏竞争力。必须将物业骨干企业组成企业集团，发挥整体优势，打入国际市场。

组建物业企业集团应做好以下工作：一是要搞好可行性研究，防止盲目性；二是要遵循自愿的原则，防止行政化倾向；三是要保持适度的发展规模，防止盲目扩大；四是要保持适度的经营领域，防止过分追求经营多样化；五要规范化运作，防止简单化草率组合；六是要强化内部管理，防止忽视自身建设。只有这样，组建起来的物业企业集团才能适应物业管理新形势、新情况、新任务的要求，担负起时代赋予的历史使命。

技能训练

1. 根据以下品牌连锁加盟申请表，编写一份连锁物业项目加盟协议。

连锁物业项目加盟申请表

序号	事　项	内　容	备注
1	物业名称：	（项目名称）	
2	物业地址：	（×省×市×路×号）	
3	联系人（请写全称）：		
4	联系电话：		
5	联系邮箱：		
6	其他联系方式（QQ号/座机等）：		
7	物业项目类型：		
8	物业项目总建筑面积：		
9	物业项目招投标预算总额：		
10	本地类似物业项目的物业费单价：		
11	物业项目投标要求：		
12	物业项目要求接管时间：		
13	是否需要前期介入顾问指导：		
14	您的大致管理设想：		
15	其他要求（加盟直营公司还是特许经营）：		

2. 根据教师提供的资料，编写一份某区域联营项目工作计划。

3. 根据下面股权转让协议，编写一份该物业公司的资产重组实施方案。

股权转让协议

转让人：

受让人：

转让方经全体股东一致同意将其在××物业管理有限公司的全部股份转让给受让人。经转让方和受让方于________年________月________日友好协商，为明确双方的权利义务，订立如下协议以期双方共同遵守。

一、____________物业管理有限公司成立于________年________月________日，经营期限20年，注册资金1 000万元，公司股东两名。其中股东××房地产开发有限公司出资额为800万元，占公司股份80%；股东A出资额为200万元，占公司股份20%。

二、经____________物业管理有限公司全体股东一致同意，股东××房地产开发有限公司将其在公司的80%股份转让给________________有限责任公司，转让价________万元。转让后××房地产开发有限公司退出____________物业管理有限公司股东会，不再享有股东的权利及承担股东义务。________________有限公司依法成为公司股东。股东A将其在公司的股份20%转让给B，转让价________万元。转让后A退出____________物业管理有限公司股东会，不再享有股东的权利承担股东义务。B依法成为公司股东。

三、转让人承诺双方签订本协议时____________物业管理有限公司没有债权债务。如有遗留尚不明确的“漏债”和其他纠纷在今后出现，由转让方负责偿还和处理。如因此给受让方带来损失，受让方有权向转让方追偿，由转让方按股份比例承担责任。

四、转让方收到转让费后，____________物业管理有限公司所拥有的所有财产和下属企业、所享有的一切权力均归受让方所有。转让方应协助受让方办理工商等其他变更手续，上述手续所需签署的相关文件应在收到转让费后三天内全部签署完毕，并协助受让方在10日内办理完相关变更手续。

五、双方签订本协议后，转让方负责向受让方移交财务手续。对所有资产按现有的状态共同进行清点后办理移交手续，转让方不得隐匿和毁损财产。

六、公司所有员工除受让人继续聘任的员工外，其余人员由转让方负责安置。原养老院的老人及工作人员由转让方在签订本协议10日内安置完毕，所需费用由转让方承担。

七、为了更好的打造企业品牌，增加经营项目，今后如受让方改造通往度假村的道路，解决度假村的水电，以及增加其他设施时遇到问题，转让方必须全力予以协助。

八、受让方接管企业资产后，应按时履行土地《承包合同》项下的义务。

九、本协议签订后，如由任何一方违约，应由违约方向守约方承担转让费5%的违约金。

十、本协议在执行中如发生纠纷，双方应本着友好协商的原则进行协商。如协商不成，任何一方均可向本市有管辖权的法院起诉。

十一、其他未尽事宜由双方另行协商，并以备忘录的形式予以约定。

4. 根据教师提供的某大型物业公司资料，编写一份物业公司集团化经营实施方案。

思考与练习

1. 物业公司还可以采用哪些集约化经营形式？每种形式开展的注意事项有哪些？

2. 物业公司资产重组有哪些具体的形式和类型？说明每种具体的资产重组形式适合什么样的物业公司。

3. 同一区域分属不同物业公司管理的物业项目实施区域联营，要注意哪些事项？制定一份区域联营实施方案。

第八章　物业资产管理

物业管理行业在我国近30年的发展，经历了“管理物业—物业管理—物业服务”三个阶段的发展，随着经济发展和人们生活水平的提高，“物业资产管理”必将成为物业管理行业发展的最高阶段。买房已不仅仅是为了解决简单的居住问题，人们已经逐步认可了将房屋作为一种投资的理念。人们对物业管理的关注，也从最初的注重物业服务功能逐步过渡到物业能否保值增值、获取效益最大化的物业资产管理方面。物业资产管理将资产管理的理论和方法融入物业管理行为中的目的，是通过运用资产管理手段，弥补管理和服务中的不足，消除业主对物业管理的误解，为企业更大限度地创造经济效益。因此，首先应了解和掌握资产管理的理论和方法，才能进行房地产市场分析、探索物业管理发展规律、探寻房地产运行过程的收益途径，为物业管理的生存和发展创造良好机遇。

第1节　物业资产管理基本知识

一、物业资产管理的概念

物业资产管理是指为了满足置业投资者的目标，综合利用物业服务，设施管理，房地产资产管理，房地产组合投资管理的技术、手段和模式，以收益性物业为对象，为投资提供贯穿于物业整个寿命周期的综合性管理服务。其实不论是广义的一切有关房地产开发、租赁、销售及售后的服务，还是狭义的物业管理，都是为保障房地产的价值和增值，那么涉及房地产保值、增值的经营、服务和管理的行为，就应属于资产管理的范围。因此，尽管物业管理与资产管理存在差别，物业管理企业还是可以将资产管理的管理方式、经营理念及服务手段等运用到服务过程当中，成为企业赢利、业主受益之新的管理与服务模式。

如何利用物业服务的平台、客户资源以及物业管理自身的专业优势，通过创新发展理念、丰富服务内容、拓展业务范围，向物业管理的上游和下游延伸产业链，给传统的物业管理赋予新的内涵和外延，以提高物业管理的创富能力，寻求物业管理行业新的经济增长点，是物业资产管理主要的工作内容。来自境外的第一太平戴维斯、高力国际、戴德梁行、仲量联行和世邦魏理仕等公司超前于内地企业开拓资产管理所表现出来的核心竞争力，国内一些品牌企业尝试开展资产管理取得的盈利能力，都让人们把目光投向了资产管理。

总之，物业资产管理的内涵就是将物业资产管理的经验运用到物业管理中，把全部物业作为资产，通过物业服务和创造性的经营活动，使物业资产保值增值。简单来说，越倾向于使物业“保值”的行为就是物业管理，越倾向于使物业“增值”的行为就是物业资产管理。

二、资产管理与物业管理的关系

资产管理范畴丰富，内容广阔，凡涉及对财产、资金以及能带来经济利益的物质等方面对保管、料理并使其经济利益获得保障的行为均可称之为资产管理。由此可以看出，物业管理涵盖于资产管理范畴之中。

物业管理在理论上虽可归属于资产管理，但处于资产管理的最基础层次，两者在管理资产的价值认识以及运作方式、关心侧重角度等方面存在不同，在房地产“保值”与“增值”概念的认识上存在一定差异。两者主要区别如下：

（1）物业管理所要实现的“使物业保值、增值”目标，是能控制部分的“保值”和“增值”；而资产管理则将房地产本体作为能带来经济效益的工具和载体，通过对房地产这一资产的运作获取收益和回报，从而促使房地产的保值和增值。

（2）物业管理更多体现的是物业本体的具体维护，从而使资产拥有或使用者在生活方面得到方便；而资产管理所涉及的范围比物业管理大得多，资产管理将房地产当作赢利工具，通过资产运作、置换等方式运营使资产拥有者实现利益最大化。

三、开拓物业资产管理的基础

（1）随着房产不断升值和住房成为城镇居民家庭财产的最主要组成部分，有相当一部分业主对物业管理的期望正在从传统的设施设备维修、清洁、绿化与秩序维护四项基本服务，转为更多地关心物业的保值和增值，物业设备更新与节能改造也展现出巨大的市场空间。

（2）随着以收益性房地产为目标对象的投资活动增加，业主对专业机构提供持有或租售的咨询顾问、代为开展房屋买卖和出租等服务需求急剧上升。依托物业管理开展资产代理经营，获得的租售溢价分成、经营收益分成、代理费用收入等正在成为部分物业服务企业新的盈利点。

（3）一些开发企业为了销售和后期入住环节的顺利，聘请品牌物业服务企业作开发项目的前期顾问，包括提供项目发展咨询、物业市场研究、销售策略策划、整体商业规划，以及代为选用设施设备，代理尾盘销售。

（4）一些单位的不良资产在找不到出路的情况下，交给物业服务企业去代理盘活。

四、物业资产管理的必要性

1. 提高物业管理的整体水平，为业主提供全方位的服务

在围绕业主需求进行分析和调研的基础上，通过运用资产管理理论方法及操作手段开展物业管理并开拓资产管理，可以改变行业运行状态，提升行业核心竞争力。在给业主带来良好服务和投资收益的同时，也为社会创造了财富。

2. 丰富物业管理的内容，满足业主日益增长的物业服务需求

在做好四项基本服务的基础上，通过开展多层次、多角度、全方位及有针对性的特约服务与资产管理，将使物业管理在对人的服务、对物业的管理、对资产的经营三方面职能得到充分发挥，以满足业主的不同需求。

3. 提高物业管理的盈利能力，改变行业生存状况

通过资产管理能丰富物业服务企业的盈利渠道和途径，开辟新的收入增长点，改变企业收入结构，构成企业新利润，提高企业创富能力。达到让一部分企业先富起来，带动全行业的脱贫致富，让物业管理在更高的层面上收获社会效益和经济效益。

五、物业企业开拓物业资产管理的优势

1. 客户优势

有庞大的业主作为物业服务企业的客户群体，就有各类巨大的潜在需求等待挖掘。与业主近距离的接触，使物业服务企业能通过良好的沟通及时掌握和了解不同业主的不同需求，有针对性地提供服务。

2. 业主信任度优势

与业主长期和睦相处，使得物业服务企业比其他中介机构更容易建立与业主间的相互信任。

3. 成本和规模优势

物业服务企业可利用现有资源，以及众多业主需求的规模，在控制成本和市场竞价上占到一定优势。

4. 专业技能优势

对所管物业较为充分细微的了解，有助于物业服务企业挖掘专业技能，为业主提供代客理财等全方位的资产管理服务。

六、物业资产管理开展的瓶颈

据不完全统计，中国物业管理行业从业人员已超过 350 万人，物业服务企业 3 万多家，管理着超过 100 亿平方米的不动产。然而，绝大多数从业人员与绝大多数物业服务企业，从事的是基础性物业管理与物业维护方面的工作，了解物业资产管理，从事实务操作的物业资产管理从业人员，保守估计不到 3 万人，较为系统研究物业资产管理的专业人士不到 300 人。能够较为熟练运用物业资产管理专业知识、专业技能与专业方法进行物业资产管理运营与实务操作的物业服务企业可能不到 100 家。这是中国物业管理的基本现状。这就成为物业资产管理发展的瓶颈，导致物业资产管理市场不成熟和市场“失灵”。

第 2 节　物业资产管理的内容和程序

一、物业资产管理的内容

物业资产管理主要包括以下方面：制订物业策划计划，持有或租售分析并进行租售；业主之物业重新定位并进行费用支出测算；物业管理运行绩效分析，根据物业在同类物业竞争市场上的表现调整管理方法与收益途径；为房地产置业投资者定期进行运营与成本状况分析。

物业管理企业应帮助房地产置业投资者进行投资分析，消除业主由于缺乏房地产专业知识，在出售或出租物业时认为物业投资时点之置业价值始终不变的误区影响。物业管理人员根据市场状况分析对房地产资产价值进行的现时基本定位，使业主明确现时房地产之价格状况及市场走势与物业管理水平的高低并无直接关联。通过房地产状况综合分析，物业管理公司应使业主了解物业价值升降规律，减少对物业管理的偏见，同时依托高效、优质物业资产管理工作，使物业在物业管理各环节实现“保值、增值”。其具体工作内容包括：

1. 提供高质量的物业管理服务，使业主对物业管理产生信任信心

首先，应努力做好物业管理中保安、保洁、设备运行与维护、入户服务等最基础的服务工作，不断提高在基础管理与服务的水平，真正解决业主的后顾之忧，使业主充分相信物业管理公司在物业方面的专业能力，让业主建立一旦涉及房地产方面的问题首先向物业管理公司进行咨询的意识。

2. 使业主对物业管理公司产生依赖，为房地产资产全面委托管理奠定基础

一部分置业投资经营的业主，所购物业非本人使用，加之这些业主大多无时间、无精力以及无能力“打理”物业资产，但对其房屋能否长期带来预期收益又十分敏感。若业主已对物业管理建立起充分的信任，就会将与物业相关的任何事情委托给物业管理公司进行处理和解决，这样就为物业管理公司全面进行房地产资产管理创造了条件。

3. 为业主提供房地产方面专业支持，丰富物业管理内容，创造多环节盈利机会

通过与业主建立信任关系后，业主有可能将其房屋装修（仅指用于租售），房地产市场调研，房地产投资与政策咨询，物业租赁、置换、转让与销售等方面的业务委托给物业管理公司进行实施，物业管理公司就可以依据自身优势，完成所委托的业务并收取相应的费用。与此同时，还可以涉足房地产尾盘剩余物业单位的物业代理工作，减少开发商资产的闲置和浪费，减轻开发商由于物业单位空置而加大的支出成本，增加物业管理公司收益点。

二、物业资产管理的工作要点

（1）物业资产管理是涵盖房地产产业链条上下游所有行业的“一站式”服务，这对物业服务企业提出了相当严格的要求。即必须拥有大量经验丰富的能服务于大型跨国企业、金融机构、政府、发展商及投资者等各类客户，又能熟练掌握顾问、代理、买卖、估价、融资等一站式服务技巧，还包括在酒店、商场、写字楼、住宅等多种业态上有成功积累的专业人员。

（2）必须拥有丰富的高端客户资源和稳定的战略合作伙伴。物业管理公司相当于一个产品集成商，有效地管理分包公司成了物业管理公司的重要工作，即要拥有雄厚的资金支持。一站式的打包服务，不仅能节约委托人和物业服务企业的双重成本，还能提高工作效率、减少资源浪费。这都需要有雄厚的资金支持和相当的风险管理能力。

（3）做资产管理涉及包括物业定位、设计定位、营销策划、运营管理、租务管理、财务管理等较长的业务链条，工作综合性很强，难度很大。物业服务企业开拓资产管理，有两个方面很重要：一是物业的市场定位和产品的设计要完善；二是具有较强的市场研究和运营能力。

（4）物业资产管理还需要做好三方面工作：一要加强人才储备和培养，特别是物业管理师的培养；二要注重市场研究，建立起企业自己的数据库；三要有做金融地产的意识，为将来物业管理发展到资产管理作储备和积蓄。

（5）物业管理行业开拓资产经营业务，要以精心精致的物业服务与创造物业资产价值最大化为目的，打造忠诚客户群体。全面掌握客户资料，加强有关信息收集，建立客户关系管理平台。使业主充分相信物业服务企业的诚信与专业能力并产生“依赖”，建立遇到有关问题首先向物业服务企业咨询的意识，愿意将相关的事务委托给物业服务企业处理和解决。此外，制定企业战略目标、打造核心竞争力，建立健全内部运作机制等也十分重要。

三、物业资产管理注意事项

（1）首先要解放思想更新观念。物业服务企业要在服务、管理、经营三方面下功夫，通过开拓资产经营提高企业的创富能力，但应以维护业主利益和增加社会财富为前提，这是企业最基本的社会责任。

（2）企业要有自己的发展战略规划。“始于战略、行于管理，成于品质”是一个系统工程，开拓资产管理要有战略考虑、规划以及实施方案。

（3）企业开拓资产管理业务要建立健全科学的机制和内部管理制度，使得基础服务和资产管理业务既有配合又有隔离，不能让资产管理冲击基础服务。

（4）加大管作分离的步伐。企业在将非核心业务外包并严格加强监管后，才能有精力开拓资产管理。另外，要改变企业规模越大越好的误区，在适当的规模上，树立自己的品牌，深挖经营潜力，比单纯追求规模更能获得效益。

（5）企业资产管理的运作模式要讲求多样化。资产经营的项目可以自己做，也可以与专业公司合作。即使与专业公司合作，也应该有自己的专业人才参与管理，这样才能占据主动。

四、物业资产管理的程序

1. 系统清理物业资产类别，寻找物业资产管理的价值点

物业资产管理包含物业管理、设备设施管理、组合投资管理等管理职能，传统物业服务只针对业主持有的公共部位、设施进行经营，未完全涉足项目开发商持有物业和业主持有物业的运营，其收入主要来源于物业服务费。从资产权益出发，以一个建筑区划为基本界定范畴，对物业服务企业可能开展的资产管理领域进行了系统梳理和标准化，主要有以下三类。

（1）物业项目开发商持有物业，包括非预期销售完成和战略考虑持有的部分商业物业、住宅物业。其中商业物业包括大型商业卖场、社区生活广场、住宅配套会所；住宅物业包括未售商品房、地下停车场等。

（2）业主持有的专属物业，包括持有的商业物业、住宅物业。其中商业物业包括开发商开发过程中进行分割销售后形成多业权商业的其中部分商业；住宅物业包括业主因居住或投资购置的住宅物业。

（3）项目全体业主共有的物业，包括公共场地、部位和配套设施。无论是开发商持有、业主持有，还是全体业主共有的物业均需要保值、增值，并实现价值的最大化，从而给物业服务企业带来了新的商业价值点，通过有效获取经营权后对物业进行代租代售、整体商业规划、招商、管理等运营即可获取招商（代租、代售）佣金、租售溢价分成、经营收益分成等新收入，这部分收入将改变物业服务企业的收入结构，构成物业服务企业的新利润。目前，蓝光·嘉宝集团进行物业资产化运营所得收入占年总收入的三成以上，取得了明显的经济效益。

2. 客户导向构建物业资产管理多元产品体系

根据物业资产细分设计相应的资产运营产品，构建物业资产运营多元产品体系，是进行物业资产化管理和新利润获取的关键。一般有以下几种形式：对项目开发商和业主共同持有的商业物业，进行整体商业规划、招商和运营，获得招商佣金和租金溢价分成；对业主持有物业进行房地产经纪业务，代租、代售，获取代理费用和溢价分成；对业主共有资源，根据《物权法》《物业管理条例》要求，通过业主授权对资源进行整合，实施统一经营，获取收益分成。

3. 整合资源搭建运营平台，推动物业资产化经营

物业服务企业开展资产化经营必须认识到其与资产所有者属于委托代理的商业行为，只有平衡双方利益，才能确保自身获得稳定回报，物业服务企业必须整合两类资源并搭建一个平台，才能推动资产化经营。

首先，整合物业资源，实施物业所有权与经营权相分离，获取物业资产经营权。对于开发商和业主持有的多业权物业通过委托销售、招商协议方式获取物业资产整体经营权。多业权物业资产化经营的难点在于物业业主众多、思想不统一，运营工作难以开展，尤其在项目运营初期，业主回报期望与市场接受程度存在较大的差异。运用行业领先的多业权资源整合优势，一方面引导业主委托招商；再一方面引导业主合理回报预期；再者规范业主自己运营行为，保证了多业权项目的整体运营。

其次，整合商业资源。要成功进行物业资产运营，物业服务企业必须拥有一大批具有战略合作伙伴关系的商业运营单位，针对大型专业卖场，如服装批发市场的专业服装商家；针对社区生活广场的餐饮、娱乐商家；针对社区商业的零售行业商家、专业会所商家。

最后，必须搭建一个平台，包括物业服务企业的成熟物业资产运营团队，如尾盘销售团队、商业项目策划团队、招商团队等；物业资产运营体系，如尾盘销售管理体系、商业规划体系、商业促销体系，商源置换体系等。同时，通过信息化手段，有效的将商业资源与消费群体衔接起来，实现其媒介延伸价值。

4. 物业资产全程整体运营，促进资产运营价值最大化

物业企业应建立“全程物业资产化管理”的定位，站在物业管理从劳动密集型向技术密集型转变的角度，以房地产开发形成的建筑区划为空间单位，以房地产开发全流程为时间单位来构筑资产运营体系。

5. 深入项目规划设计，为资产化运营打下坚实基础

作为后期运营的物业服务企业必须从物业资产整体运营的角度对物业的规划设计进行全面介入。在实践中，物业企业根据后期物业资产化运营的需要，可以采用“三书”介入模式，包括物业规划建议书、物业施工建设建议书和物业资产运营建议书，有效参与了物业开发建设，为后期物业资产化经营打下了坚实基础，同时“三书”本身也可以实现收入。

6. 有效的物业资产化运作策略，保证物业资产价值最大化

在项目定位方面，企业均通过详细的市场调研，充分考虑到项目与项目所在商圈的互补性和差异化。在招商方面，企业可以坚持以商引商为主的整合招商策略，如在物业项目的运营过程中，通过整租承包物业、分租商家经营的方式运作，通过资源整合或嫁接，在保持整体管理的基础上，有效解决商业项目招商、经营难点。在运营方面，物业企业实施以商稳商、情感稳商和信心稳商，聚集人气，稳定商家情绪，提升经营信心，通过这些举措实现商业价值的最大化。

7. 科学的资产全程运营理念，端正资产运营方向

“差异化经营，精细化管理；以业主为本，打造品牌；提升项目价值，努力实现业主回报”，这是物业资产化经营的理念。面对异常激烈的竞争，必须拿出行业领先的运作手法，差异化是物业资产运营成功的首要条件。商家是项目立市的根本，也是形成项目品牌的基本元素，因此承认商家价值，视商家为主人，实现共管共赢是物业资产化运营成功的关键因素。同时，物业资产化运营必须通过实时的经营监控应对市场的变化，有效的营销推广提升商家经营业绩，持续的商源结构调整提高商家品质、提升资源价值，努力实现业主稳定提升的回报，为项目的持续发展奠定基础。

8. 全程控制物业资产化管理风险，创新推动物业资产化管理

物业资产化经营最大风险体现在两个方面：一方面的风险是物业资产经营权的合法取得；另一风险就是后期运营预期收益风险。在物业资产经营权的取得方面，物业服务企业必须注意合法性，特别是业主共用资源部分，必须通过法律程序明确相应业主授权，否则所得收益将成为非法所得。同时，在物业资产运营过程中必须保证其预期收益，积极调整策略，保证持续繁荣。

第 3 节　商业地产的物业资产管理

商业物业管理是通过商业资产运营管理，达到资产运营管理的目的。首先，投资意味着担当风险，规避风险就是运营的一个最重要的目的。创造最佳的收益回报，是商业地产项目资产运营的一个核心工作。资产管理对商业地产投资发挥着重要的作用，因为商业地产投资无论是在开发投资还是物业建成后的投资，从置地、规划设计、营建、销售、收回投资都需要经历一个时期，最短的也要两年，长达五年或者更长的时间，这就要看这个项目的投资标的以及投资性质。如果有强有力的专业资产管理人员进行服务，就会延长投资回报周期或者是达到投资者预期的效益。

一、商业地产资产管理的内容

商业地产资产管理的运营核心是营销、运营、招商、资产运营和维护。商业项目是除了住宅以外的物业。任何商业项目开始的时候，是商业地产资产运营的开始。资产管理的目的是通过商业地产的资产运营，有效地提升商业物业的资产价值，提早进入资本运作市场。

资产管理运营是项目的维护过程，通过经营绩效评估，重大翻新、改造和提升；市场价值的提升；通过经营改善，实现资产的保值和增值，寻找合适的投资商以及适合的机会实现价值变现过程。资产管理运营是当前商业地产开发商必须重视的环节，因为在商业物业变现的时候，还需要项目的变现评估。通过制定资产运营策略控制物业运营成本，监控物业运营绩效，并要定期进行投资与运营状态分析，实现商业地产目标。为了实现这个短期和长期的目标，要进行资产管理，良好的资产管理是提升项目价值和项目资产的重要的工作环节。它不仅可以实现商业物业的净收益值的最大化，还可以保持商业资本的发展潜力。

资产运营服务的对象是直接投资者和经营者，这个直接投资者和经营者包括招商引进来的商家和承租者。还有一个间接的投资者，就是国际资金、股权投资合作者。商业地产是物业资产管理类型的首要领域，最主要的原因是商业房地产以获得物业资产投资收益或增值为主要目的。因此物业资产管理者更容易、更有机会让商业地产通过市场化的手段来实现物业资产使用价值与交换价值、投资价值与市场价值的最大化。

二、商业地产资产管理过程中的问题

（1）选址测算。做一个商业地产，一定要分析它的周边情况。做未来的商业地产特别是综合体一定要考虑到周边的产业链，产业链对商业地产支持是非常重要的。还有就是城市规划和区域规划，对于选址也是非常重要的因素。选址要根据周边项目实际需求、产业需求和规划需求，去研究最终端的需求，要细化和细分这个商业业态和商圈氛围，这是非常重要的。

（2）建筑物本身要有显著性和特色，要有视觉冲击力。营销模式要有很大的统一性，现在很多商业地产项目存在很大风险，包括分割的销售、售后的返租、统一管理都存在着一些问题。

（3）客户需求研究要透彻化。客户需求就是消费者的需求以及商家的需求，是未来资产运营中最重要的部分。未来商业地产的经营绝对不是品牌与品牌之间的竞争，和面积大小、体量的竞争，而是对客户的需求和引来的经营者的需求进行分析，为他们提供真正的服务之后跟你共同创造商业地产的资产价值。

（4）空间设置的人性化和建筑形式的特色化。这一点也是需要考虑的问题。

（5）品牌招商的差异化与业态搭配的合理性。如何实现差异化是未来资产运营首要考虑的问题。

（6）购物中心的运营管理和专业商业运营管理的信息化平台的搭建。

三、商业地产物业资产管理要做好的几项工作

1. 做好物业服务基础，夯实资产管理平台

物业资产管理是建立在物业管理基础上的，物业服务企业只有做好基础管理工作，才能得到广大业主的认可和社会的认同，为开展资产管理赢得充分的市场、客户以及其他相关必要条件。关注客户心理需求，推行差异化服务，提升服务品质，加强与业主的沟通，建立良好客户关系等都是强化物业管理基础工作的重要方面，是夯实资产管理平台的主要着眼点。

2. 放宽视线、转变观念，树立资产管理意识

物业服务企业应突破传统物业服务视界的束缚，创新物业管理服务内容，以更加开放的观念和更加广阔的思维去审视、思考、运作物业管理，树立正确的资产管理意识：积极树立以客户需求为中心的理念，充分挖掘客户各种隐性与潜在的需求，针对需求的多元化与个性化特点，予以全方位、多角度地满足，最终实现为业户提供舒适便捷服务与以促进

物业保值增值二位一体的管理目标。

3. 加强专业知识储备，调整优化专业队伍

在物业管理行业内开展资产管理，要求行业必须具备开展资产管理所需的完善的知识结构和支撑开展资产管理的多元化的专业人才。资产管理以物业管理为基础，至少涉及了包括物业开发咨询、营销策划、物业定位、物业策划、运营管理、租务管理等较长的业务链条。开展资产管理的专业知识既包括相关领域和产品的技术知识、经营方式、供销渠道，也包括相关法律法规知识、管理控制、人员培训、市场研究等。相应地，开展资产管理业务需要一支懂经营、善管理、通技术、精业务、能创新的多元化、复合型人才团队。因此，物业服务企业当未雨绸缪，加强人才队伍建设，调整优化人才队伍，注重团队成员的专业知识储备，完善专业知识体系。

4. 勇于实践，探索资产管理业务

物业服务企业更当结合本企业的经营优势与专长，针对客户需求积极、有序、理性的开展相关资产管理业务，以逐步形成适合企业可持续经营的重点特色化的资产管理模式与业务。

四、写字楼资产管理的内容

所谓写字楼资产管理，就是在完善丰富常规的清洁、秩序维护、绿化等基本职能基础上，通过有效的资产管理手段，如制订计划、持有或出售分析、监控绩效、协助客户关系、定期进行资产分析等，使写字楼在物业形象上历久弥新，在商务环境和品牌形象上更加出类拔萃，达到所管物业的保值增值效应，持久创造优质商务资产。写字楼的物业管理是一项非常专业的工作，与住宅区的物业管理有明显的区别。

写字楼资产管理涉及工程、设备、人员形象、车位、品牌、VI、服务理念和文化等诸多方面，既有硬件设备设施的维护，也有软件顶级商务环境的营造。对于业主委托管理的资产，主要有两大任务要完成：其一是物业资产价值最大化；其二则是资产生命周期的超时延长。

对于写字楼而言，资产管理还有另外两大核心"服务功能多样化"和"商务环境品牌化"就业全力打造。

服务功能多样化是优秀写字楼的必备条件。作为现代写字楼，特别是那些在功能上接近于酒店，自身不仅有商务中心、会议中心，而且还有会所、酒吧、咖啡厅、健身房、美容美发厅等的综合性写字楼，更需要综合性的物业管理。应在这方面积累丰富的经验，不仅有会所综合管理经营的专业性人才，而且有一整套成熟的会所资产管理模式，能有效地对写字楼的各项服务功能进行整合，形成全方位、多功能的写字楼物业管理系统。

硬件的东西可以一目了然，但是软性的服务要经过亲身体验才能获得感受。国际上一些大公司在选择写字楼时，比较注重评估大楼的物业管理水平。物业管理的品质其实就是体现了人的品质，首先是管理者的品质，同时也是使用者的品质。国际企业中心不仅为其商务环境贴上品牌标签，而且更致力于成为受人尊重的写字楼区。

资产管理的目标是实现“三要”：要实现物业的保值增值；要不断地满足客户的市场需求；要追求社会效益的最大化。因此，也就需要物业服务企业在服务管理上做到“管理经营一体化、商务氛围人性化、设备管理专业化、服务功能多样化、商务环境品牌化”。品牌的最高境界莫过于让目标消费人群，诚心深入持久的认同了。

第 4 节　住宅小区的物业资产管理

一、住宅小区物业资产管理的内涵

这里说的住宅小区物业资产管理，主要是指高档住宅小区的物业资产管理，这些物业大都地处优势地段。这类物业的购买者，除一小部分自用经营外，大多是以投资为目的，靠物业的出租经营收入来回收投资并赚取投资利益。投资性房产物业的市场繁荣与当地整体的社会经济状况密切相关，还与工商、贸易、金融保险、顾问咨询、旅游等行业甚至社会治安状况息息相关。此时，物业管理已经升级为资产管理，要在保证业主物业保值升值的同时，想方设法的帮助业主实现利润的最大化，通过优异的物业管理实现资产保值增值。

二、住宅小区物业资产管理要做好的几项工作

1. 提升物业管理与服务水平

目前国内的物业管理尚处于起步、发展阶段，在物业管理过程中往往采取的是被动的管理与服务，物业管理人员没有站在业主的角度进行管理，对业主及客户真正的需求缺乏应有的了解和认识，管理与服务工作容易脱离业主的意愿。这种根据自身对物业管理的理解和感受而进行“闭门造车”式的管理，造成了管理与服务水平的提升速度赶不上业主及客户对物业管理日益增长的需求。物业企业就是变被动管理为主动管理与服务，按照资产管理理论和方法，围绕业主需求进行分析和调研，根据物业规模、档次及状况进行管理服务方面的总体策划和定位，探寻客户群体利益关心点，提供多层次、多角度、全方位及针对性的周到、高效的服务；同时通过控制管理费用支出，随时监控物业运行绩效，定期对物业管理进行运营状况分析、对业主的房地产进行投资分析，随时了解和掌握客户的物业及其收益状况，确保物业管理工作能够按计划有序展开，为物业内各系统“保值”及“增值”提供资金保证。

2. 丰富物业管理内容

物业管理公司应从“管家”“保姆”式管理与服务的行为意识上解放出来，延伸管理范围，丰富管理内涵，逐步把物业管理培育成集“保姆、管家、参谋、顾问”为一体的服务模式，不但在日常的保安、保洁、设备维护等方面体现自身作用，还应在物业租售代理、

物业装修委托、房地产信息咨询以及业主置业投资运营策划等方面发挥优势，使物业管理逐步形成全方位、多功能的融管理、服务、经营三位于一体的行业。

3. 增加物业管理盈利点

传统的物业管理属于低产出、低附加值的微利行业，其经济收益手段单一、盈利渠道简单，物业管理费的收取会直接影响到物业管理实施过程中的各个方面和环节。采用资产管理模式实施物业管理，可以提高其管理与服务的产品附加值，在房地产运作的各个环节中增加收益点，丰富物业管理企业的盈利渠道和途径。由于有了资金保证，各项工作就会得到有效实施；同时，置业的业主由于其投资收益得到了保障，对物业管理费的缴纳就会积极主动，对物业管理工作以及建议、措施也会积极配合和采纳，从而促进物业的“保值”和“增值”，达到双赢。

三、住宅小区物业资产管理的几种主要形式

一是随着房产不断升值和住房成为城镇居民家庭财产的最主要组成部分，有相当一部分业主对物业管理的期望正在从传统的设施设备维修、清洁、绿化与秩序维护四项基本服务，转为更多地关心物业的保值和增值，物业设备更新与节能改造也展现出巨大的市场空间。

二是随着以收益性房地产为目标对象的投资活动增加，业主对专业机构提供持有或租售咨询顾问、代为开展房屋买卖和出租等需求急剧上升。依托物业管理开展资产代理经营，获得的租售溢价分成、经营收益分成、代理费用收入等正在成为部分物业服务企业新的盈利点。

三是一些开发企业为了销售和后期入住环节的顺利，聘请品牌物业服务企业作为开发项目的前期顾问，包括提供项目发展咨询、物业市场研究、销售策略策划、整体商业规划，以及代为选用设施设备，代理尾盘销售。

四是一些单位或业主的不良资产在找不到出路的情况下，交给物业服务企业去代理盘活。

技能训练

根据下面案例和教师布置项目，编制一份具体小区或写字楼的物业资产管理方案。

某项目物业资产管理方案

本方案经过对该项目分析和业主交流及市场调查，进行详细分析和科学论证，最后形成可执行的项目物业资产管理方案。

本方案将以“业主利益最大化”为主旨，将资产管理作为物业管理模式的核心，为物业和业主提供全方位的服务，促进物业的保值、升值，实现房地产公司销售物业时的资产管理承诺。本方案的基础是成立物业资产管理中心，聘用专业人才，依据方案实施物业资产管理活动。“保值、升值”是物业资产管理的核心，围绕这两大主题，在物业资产管理上

做到“管理经营一体化、居住氛围人性化、设备管理专业化、服务功能多样化、居住环境品牌化”。本项目的物业资产管理方案设计如下。

一、物业资产管理信息主要载体

创办业主独享的物业资产管理杂志，该杂志由发展商和物业服务商联合主办，杂志主要栏目包括宏观政策快递（转载每月国家统计局数据、经济政策动态精选）、项目动态、前沿投资（介绍新颖投资思路）、物业租售动态、本市房地产市场研究、物业市场研究、物业资产管理服务信息和酒店租金动态扫描等。

该杂志为双月刊，为业主提供及时、专业、翔实的物业资产管理动态信息，并为业主进行资产管理提供专业品质的投资建议和执行计划。发行方式为电子邮件或纸质杂志。

二、物业资产管理机构

本项目发展商××地产置业有限公司和物业服务商××物业管理有限公司联合成立“××物业资产管理中心”，该中心由“物业资产管理部”“物业经营部”“物业服务部”三个部门构成，对本项目进行物业资产管理，尽力让该项目的物业“保值、升值”，并根据业主的委托实施各种资产管理活动。

1. 物业资产管理部——进行物业投资、租售代理、业务托管、资产评估等服务。

2. 物业经营部——进行各类有偿的便民服务、特约服务、特色经营业务的服务。

3. 物业服务部——进行酒店式物业管理服务，提供各种规范的日常物业管理服务。

该机构组织图如下：

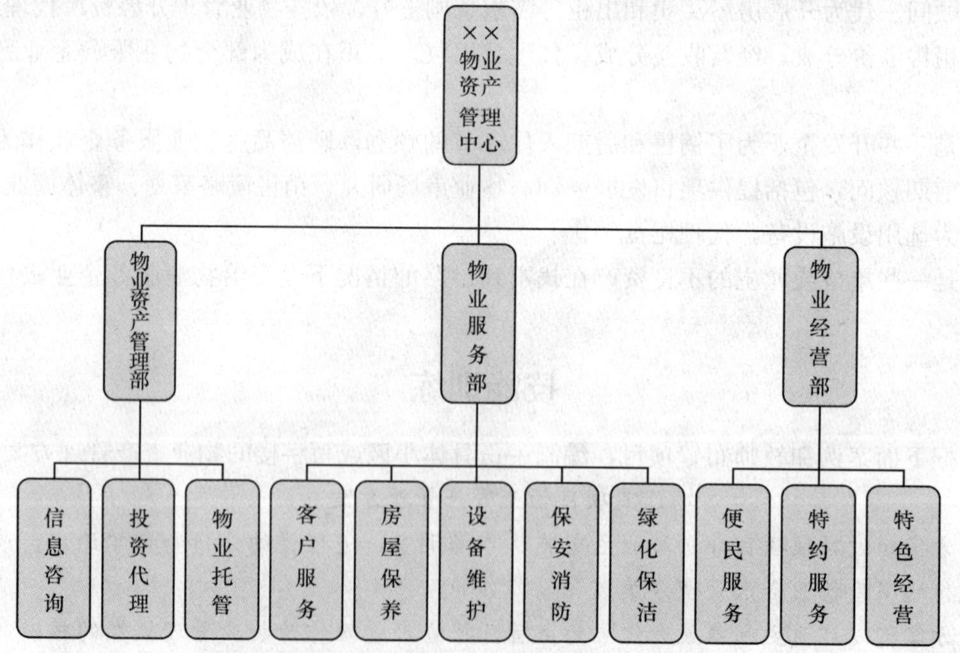

三、物业资产管理主要形式

本项目的物业资产管理中心遵循“专业、及时、服务、热情”的原则，为业主提供“多形式、全方位”的资产管理服务，主要的物业资产管理形式如下：

1. 建设优质项目品牌

良好的项目品牌，是物业资产保值升值最根本的保证。管理中心将充分沉淀鼎湖山文化内涵和园林小区、环保时尚的内涵，着力打造本项目的“高档优质”社区的形象。

(1) 力争2～3年内评上“市最佳居住环境小区”“物业管理优秀小区”等荣誉称号。

(2) 打造品牌，开展景区、山水合作，充分挖掘“山”“水”的主题。

(3) 通过与媒体合作来大力宣传本项目，让项目成为人人知道的高档休闲度假社区。

2. 打造“精品物业服务”品牌

通过提供“专业、高贵、优雅、舒适”的酒店式物业管理服务和开展多层次、多角度、全方位及有针对性的特约服务与资产管理，建立本项目的“高档休闲度假”社区的品牌形象，使本项目的物业管理在对人的服务、对物业的管理、对资产的经营三方面职能得到充分发挥，以满足业主不同需求，保证本项目的保值升值，建立良好的物业管理服务品牌。

为本项目提供“全方位、全委托、一站式”的高档酒店式物业管理品牌服务，具体品牌服务要点包括：

(1) 前期介入

工作人员：物业管理专家、高级工程师、公司高管、部门主管。

服务要点：验收并试运行各类设施设备、验收房屋工程质量、接受各类图纸资料、安排物业管理人员进场、协助人员及设备进场、协助各种进场欢庆仪式。

服务承诺：保证设备完整、运行正常、秩序良好、场面隆重、进驻顺畅。

(2) 酒店式服务

工作人员：100%服务人员为大学学历、物业管理相关专业毕业的专业人员。

服务要点：解决各种日常故障，提高各类力所能及的有偿服务。包括电气维修、线路铺设、网络连接、办公设备维修、室内绿化等。

服务承诺：急业主住户所急，想业主住户所想，保证居住舒适安全优雅。

(3) 保安管理

工作人员：100%采用中国人民解放军退役军人。

服务要点：建立交互式联动治安网络，24小时全方位封闭式保安管理，24小时持续性楼内外保安巡逻，进出入闭路监控，门岗军事化站岗管理。

服务承诺：进出入人员享受“军姿礼仪”服务；每周方队式标准化“升旗仪式”；重大节日采用标准化“迎宾仪式”；每周至少进行一次集体“军事化操练”，展示大厦保安力量的规范与威武。

(4) 消防管理

工作人员：90%以上人员为经过培训的退役军人。

服务要点：设立三级消防组织机构；组建强大的专业的义务消防队伍；建立各项消防制度；定期进行消防演习和技能培训；强化消防设备管理；制定各种有效防火措施。

服务承诺：做到“预防为主，防消结合”，确保大厦内无因管理责任引发的重大火灾。

(5) 设备管理

工作人员：100％“持证上岗”，各岗位人员全部持有各专业从业资格证。

服务要点：制定设备安全运行岗位责任制，定期检查维修保养，严格执行操作规程，维护设备及机房环境整洁。

服务承诺：保证消防设备、给排水设备、空调设备、电梯设备、电力设备、监控设备等设备运行正常，重大管理责任事故率为0。

(6) 房屋管理

工作人员：房屋维修管理主管为专业工程师，其他为专业技术人员。

服务要点：定期房屋养护、一般损坏维修、装修工程监控、房屋质量鉴定、组织大修工程、验收房屋维修质量等。

服务承诺：保证接到报告后1小时内进行维修；保证房屋完好率为98％以上。

(7) 保洁管理

工作人员：100％采用专业保洁人员。

服务要点：办公楼常规保洁服务，定期抑菌消毒服务，办公设备消毒清洁服务，办公空间空气质量控制。

服务承诺：工作人员坚持做到“三个统一”，即上岗前统一培训，工作时统一着装，操作时统一标准。清洁管理无盲点，生活垃圾日产日清。

(8) 绿化管理

工作人员：园林设计和绿化管理人员100％为专业人员。

服务要点：树木养护、草地绿化、修剪灌木、园林设计、布置花卉、防病虫害、小品设计、绿化施肥等。

服务承诺：绿地更新及时率98％以上；绿化存活率达到98％以上。定期进行园林绿化设计，营造优美的整体景观效果。

(9) 车辆交通管理

服务要点：看管车辆、指挥停放、维护秩序、防止车辆刮蹭、杜绝闲杂车辆进入，维护门前交通秩序等。

服务承诺：24小时不间断值班，保证车辆进出通畅，车辆丢失率为0。

(10) 物业资产管理服务

工作人员：安排具有物业资产管理经验的人员进行专业管理。

服务要点：成立物业资产管理中心，为业主提供信息咨询、租售代理、投资分析、业务委托、资产托管等专业资产服务。

服务承诺：以“业主利益最大化“为主旨，将资产管理作为物业管理模式的核心，为物业和业主提供全方位的服务，促进物业的保值、升值。

(11) 前台服务

工作人员：100％为大学学历、相貌端庄、懂礼仪的年轻工作人员。

服务要点：问询服务，办公引导；预订票务服务，方便出行；代购代办服务，方便办公生活；分发报刊，邮递信件；其他各种委托服务。

服务承诺：保证接待热情、服务周到。前台作为本项目的窗口，保持自己最好的形象，面带微笑、精神饱满，用最美丽一面去迎接住户客人，让每位住户客人走进大厦都会体验到真诚、热情，真正有宾至如归的感觉和方便快捷的一站式服务。

（12）商务服务

工作人员：100%采用大专以上学历的有经验人员。

服务要点：代订代购服务、酒店商务安排、组织旅游会务、装修装饰服务、办公用品代理、工作生活事务代办、送餐送水服务、室内绿化装饰、电器维修等。

服务承诺：保证服务内容全面、服务质量可靠、服务人员热情。

3. 提供“一站式”物业服务

从满足物业的全方位管理到满足业主的“衣食住行”，为业主住户提供满足居住、消费、投资、学习、医疗、旅游、购物等全方位“一站式”物业管理服务。

（1）“知识型管理”是指运用先进的科学技术手段管理企业，将保洁、维修和保安当作有知识含量的工作来抓，提高管理的档次水平，建立规范化管理体系。

（2）“文化型服务”即以人为本，注重与业主之间的情感交流，注重以文化为载体建立亲和力，实施“亲情服务、到位服务、细微服务、个性服务”，工作中不满足于日常的功能性管理与服务，而是经常变换服务主题、更新服务方法，通过充分研究服务对象的心理、文化、个性等因素，提高服务的档次、品位和文化含量。

（3）“个性化经营”即根据物业项目业主的需求，提供各种有偿性特约服务、便民服务、项目经营。形成方便快捷、高效诚信的居住和投资氛围。在“衣食住行”各方面提供“一站式”有偿服务。

4. 构建“高档休闲度假社区”

通过开发设计、环境布置、优质服务、规范管理、对外宣传、业务开拓来构建“高档休闲度假社区”的形象，为日后提供资产管理活动搭建良好的平台。

（1）开展对外宣传活动。与各类媒体合作，全方位多角度宣传本物业的“高档休闲度假”形象。

（2）开展社区文化活动。与项目所在社区合作，开展丰富多彩的社区文化活动，打造“和谐社区”形象，丰富业主住户的文化生活和休闲居住氛围。

（3）实施优质物业服务。提供全新理念的酒店式公寓物业服务，做好项目的保安、消防、绿化、保洁、消费、出行等各项物业管理服务工作，为业主提供一种“高贵、舒适、优雅、休闲”的生活方式。

（4）项目环境装点布置。对项目环境进行整体设计装饰装点，塑造项目“高档、时尚、文明、典雅”的物业形象。

（5）建立相关工作机构。建立满足业主住户居住、度假、投资、消费的各类服务工作机构，为业主住户提供专业品质、方便快捷的服务。

（6）实施休闲度假计划。为业主住户提供项目和家庭及个人的休闲度假计划，让业主住户在××留下美好的休闲度假回忆。

5. 物业租售咨询服务

物业的租赁和出售，是体现物业资产管理效率最常用的一种方法。业主由于缺乏专业知识和信息渠道，很难作出资产管理决策，公司可依托专业优势和信息优势，为业主提供物业租售咨询服务来进行物业资产的有效管理。

(1) 随时接受业主的物业租售信息咨询。

(2) 定期给业主发表本项目物业租售信息资讯（每月或季度一次）。

(3) 为有意租售的业主提供物业租售决策分析。

6. 物业租售代理

资产管理中心成立物业租售代理机构，为业主提供本区域及本项目物业的租售价格、租售率等租售动态信息及租售决策分析建议，并提供客源和租售代理业务，提高业主的物业资产投资回报率。

7. 物业装修委托

资产管理中心成立物业装修代理机构，为业主提供适合优雅居住、休闲度假、出租经营的物业装修方案，并提供推荐专业装修公司和装修代理业务，为业主进行物业投资成本控制。

8. 定期资产投资分析

每季度为业主提供本项目及本区域的资产投资分析报告，让业主第一时间了解和掌握房地产投资动态，并提供投资建议，做好业主物业资产投资的专业帮手。

9. 物业运营状况分析

每季度向业主发布本项目的物业运营状况分析报告，让业主及时准确了解××的资产运营状况，对物业资产实施动态有效管理。

10. 物业市场研究分析

对本区域的物业市场进行研究分析，每季度对业主发布物业市场研究分析报告，为业主的物业资产投资提供短期、中期、长期投资建议，让业主及时了解物业市场变化动态。

11. 制定并执行组合投资策略

为有投资需求的业主“量身”制定“物业组合投资策略”。针对业主的物业有针对性提供组合投资建议及方案，并可委托代理进行抵押贷款、信托按揭、物业租售、客户洽谈、家庭打理、投资中介等业务。

12. 物业资产托管服务

物业资产管理中心成立资产管理部，开展各种形式的物业资产托管业务，为有托管意向的业主进行资产托管服务。根据市场特点，逐步开展休闲度假租住、酒店客房经营、房屋租赁等资产托管业务，满足业主物业资产的增值需求，提供长期稳定的资产升值服务。在现场管理处设立资产管理经理岗（大管家兼任）。

13. 有偿便民服务

物业公司根据项目和业主特点开展各类有偿性便民服务经营。下表为本公司开展的服务项目，也可以根据业主实际需求开展其他项目。

大项	序号	服务项目	服务标准	收费标准
特约家政服务	1	室内清洁	室内全面清洁（2 小时每次）	20～40 元/小时
	2	保姆服务	清洁、做饭、洗衣物等	600～1000 元/月
	3	钟点工服务	打扫、做饭、接送钟点工	200～500 元/月
	4	月嫂服务	照看婴儿、做饭、打扫等	1000～2000 元/月
	5	病人护理	照看病人、做饭、打扫等	800～2000 元/月
	6	厨具家电清洗	抽油烟机、灶台、空调等清洗	10～40 元/件
	7	家私护理	沙发、地板打蜡、沙发换布等	20～200 元/件
	8	洗涤服务	窗帘地毯换洗、衣物干洗等	10～100 元/件
	9	室内绿化养护	室内植物、花卉、鱼缸等养护	50～300 元/月
	10	宠物服务	宠物代管、看病、洗澡、装扮等	5～100 元
	11	汽车服务	牵车、洗车、抛光打蜡服务	5～200 元
	12	接送服务	家庭、上学、客人来访接送服务	5～50 元/人/次
	13	送上门服务	送水、煤气、粮油、家电、家具	3～20 元/件
	14	家电家具维修	电器、厨具、家具、卫具维修	5 元/次起
	15	搬家服务	搬进搬出服务	50 元/次起
代理代办服务	16	代缴费	代缴水、电、煤气、电话网络等费用	100 元以下代缴额的 6%
	17	代年审	汽车摩托车年审、驾照年审	20～100 元
	18	代聘保姆	代聘家政、护理、钟点保姆	50～100 元/位
	19	代理房屋租售	代理房屋租赁或出售全面业务	租赁：半个月月租 出售：售楼价的 1%
	20	团购代理	汽车、摩托车、家电团购代理	交易价的 3%～5%
	21	代购日用品	业主指定日用品代购	代购物总价为 100 元 以下的 6%，以上的 4%
	22	代购保险服务	人身、财产、汽车保险代理	保险款的 3%
	23	代订服务	代订报纸、杂志、酒宴、票务	5～100 元/次
	24	代安排服务	旅游、KTV、家庭宴会等代办	5～50 元/人/次
	25	代聘搬家服务	聘请搬家公司	10 元/次
商业网点服务	26	购物超市	自己经营或联系客户合作经营	比一般市场便宜
	27	菜市场	自己经营或联系客户合作经营	比一般市场便宜
	28	五金店	自己经营或联系客户合作经营	比一般市场便宜
	29	餐馆	自己经营或联系客户合作经营	与市场价格相当
	30	美容美发店	联系客户合作经营	与市场价格相当
	31	便利店	自己经营或联系客户合作经营	比一般市场便宜

续表

大项	序号	服务项目	服务标准	收费标准
文体娱乐服务	32	健身馆	自己经营或联系客户合作经营	比一般市场便宜
	33	康体中心	联系客户合作经营	比一般市场便宜
	34	KTV 中心	联系客户合作经营	比一般市场便宜
	35	酒吧茶馆	自己经营或联系客户合作经营	比一般市场便宜
	36	网络通信业务	联系客户合作经营	与市场价格相当
	37	文体培训班	自己经营或联系客户合作经营	比一般市场较贵
教育卫生服务	38	出国留学服务	自己经营或联系客户合作经营	与市场价格相当
	39	家教服务	联系客户合作经营	与市场价格相当
	40	教育培训班	联系客户合作经营	与市场价格相当
	41	幼儿园	联系客户合作经营	比一般市场较贵
	42	诊所服务	联系客户合作经营	比一般市场便宜
	43	购药服务	自己经营	与市场价格相当
交通网点服务	44	上下班楼巴	自己经营或联系客户合作经营	与市场价格相当
	45	出租车叫唤	自己经营	2～4 元/次
	46	旅游包车	自己经营或联系客户合作经营	价格面议
	47	上学接送	自己经营或联系客户合作经营	5～10 元/次
	48	出行租车	自己经营或联系客户合作经营	价格面议
	49	车辆保管	自己经营	汽车 50～100 元/月 摩托车 10～30 元/月
专项经营服务	50	园林绿化设计养护	自己经营	别墅 100～300 元/月 公寓价格面议
	51	房屋装修装饰	自己经营或联系客户合作经营	比一般市场便宜
	52	花卉植物销售	自己经营	比一般市场便宜
	53	餐馆经营	自己经营或联系客户合作经营	与市场价格相当
	54	工程维修	自己经营或联系客户合作经营	与市场价格相当
	55	休闲度假旅游	自己经营或联系客户合作经营	与市场价格相当
资产管理服务	56	房屋托管	自己经营	以合同为准
	57	家政托管	自己经营或联系客户合作经营	以合同为准
	58	投资咨询	自己经营	免费或低价收费
	59	资产信托	联系客户合作经营	以合同为准
	60	客户商务链接	帮业主的经营业务链接客户	以合同为准
	61	业主需求链接	帮业主链接各种需求业务	以合同为准

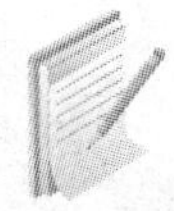

思考与练习

1. 如何撰写物业企业的物业资产管理建议书?
2. 物业资产管理应该建立哪些管理制度?
3. 物业资产管理方案的主要内容有哪些?
4. 在实施物业资产管理时，有哪些特别要注意的事项?
5. 撰写一份酒店式公寓项目的物业资产管理方案。